寝ている間に かってに やせる 張り筋はがし

寝る前5分

深部リンパ節開放マッサージ

夜久ルミ子

JN066164

西東社

CHECK

- ☑ ふくらはぎをぎゅっとつかむと、手のあとがつく
- ☑ ダイエットのために筋トレやウォーキングをしている
- ☑ 食事制限をした経験がある
- ☑ 朝、体が重いと感じる
- ☑ 毎日、ストレッチやマッサージをしている
- ☑ 睡眠は５時間以下

１つでもあてはまるものがあれば……

そんなあなたの体は「張り筋」状態

今のままでは正しくやせられません！

「張り筋」という言葉を聞いたことがあるでしょうか。
やせたい、キレイになりたいからと
マッサージや運動をしていても、
筋肉が緊張してかたまった状態、
つまり「張り筋」では、何をしても逆効果。
むしろ、どんどん筋肉が張ってしまいます。

「張り筋」になると、
血液の流れが悪くなり、
老廃物や脂肪も体内にたまる一方……。
「張り筋」状態では、どんな努力も
ムダになってしまうのです！

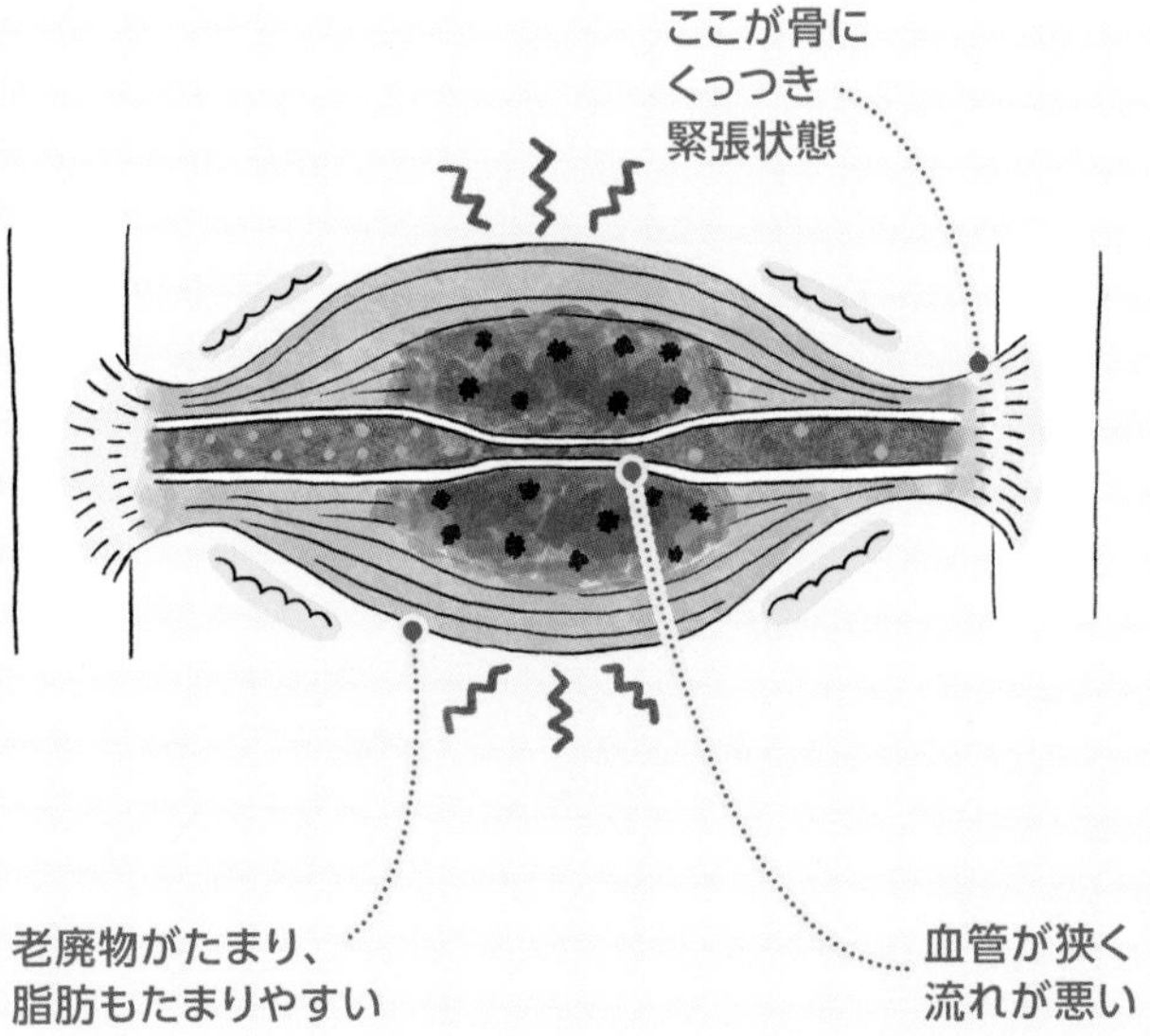
ここが骨に
くっつき
緊張状態
老廃物がたまり、
脂肪もたまりやすい
血管が狭く
流れが悪い

張り筋はがしなら
すぐ体の中から変わる

かんたんなのに理想の体型になれる!

「張り筋はがし」は筋肉の奥にアプローチしますが、誰でもかんたんにできます。痛みもなくむしろ気持ちいい。続けやすく、知らず知らずのうちにバランスよくやせていきます。

基礎代謝が上がり、自然とやせる体に!リバウンドしにくい!

「張り筋はがし」で筋肉の張りがとれると、基礎代謝がアップ。体温が上がり、脂肪が燃焼しやすくなるので、やせやすく太りにくい体質になります。

蓄積された老廃物が一気に流れ、血流改善

一般的なマッサージやストレッチでは届かない体の奥にたまっていた老廃物が勢いよく流れ出ます。すると、キレイな血液が、たっぷり全身にめぐります。

ふわ筋になればぐんぐんやせて健康に！

寝ている間に体がどんどん変わる！

効率的で効果大！

「張り筋はがし」のあとは眠るだけ。気持ちよく眠っている間に、ホルモン分泌や細胞の生成を促し、肥満、不眠、冷えなどさまざまな不調を解消します。

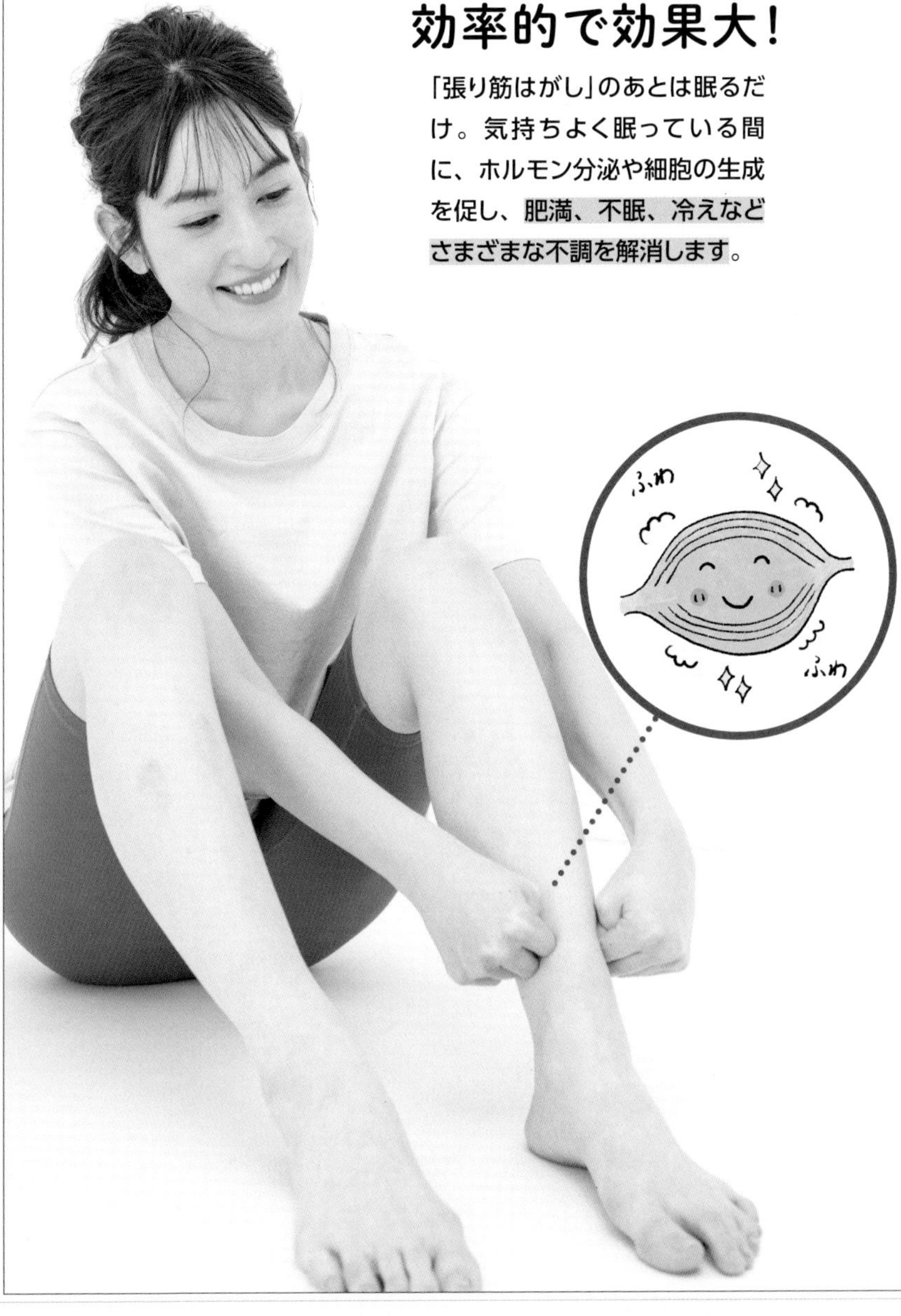

張り筋はがしは夜、寝る前にやるからいいんです！

「張り筋はがし」は睡眠前が
ベストタイミング。
筋線維の張りがとれて
ふんわりとした筋肉になることで
栄養、熱、ホルモンが血液にのって
体のすみずみに行き渡ります。

その結果、60兆個の細胞が活性化し、
眠っている間に脂肪燃焼、
肌のターンオーバーを促します。
さらに、体がリラックスして
深い睡眠を得られ、自律神経が整います。
朝目覚めたときに、
驚くほどキレイな体ができあがっています。

張り筋はがして、
眠っているうちに
体がかってに、やせ体質に

だれでもかんたんにできる 張り筋はがし の効果を実感してください!

あなたはダイエットのためにキツイ筋トレをしたり、肩こりなどの不調改善のために、筋肉のかたい部分を押したり叩いたりしていませんか?

そのような方法は、確かに筋肉を刺激しているので即効性があり、〝やせたかも!?〟〝ラクになったかも!?〟と思うかもしれませんが、効果が持続せず、実は間違った改善策です。間違った方法を続ければ体がゆがみ、ますますやせにくい体になるばかりか、偏った力が入り、痛みや不調がより出てきます。

今回紹介する「張り筋はがし」は、筋肉の端を刺激します。一般的な筋トレやマッサージでは届かない場所です。張ってかたくなった筋肉の真ん中を刺激しても、骨につき引っ張られている筋肉の端をほぐさなければ、緊張はとれません。

逆に、端をほぐせば筋肉はふわっとやわらかくなります。

端を引っ張られたままのゴムをイメージするとわかりやすいかもしれませんね。


筋肉がゆるめば、体の奥に蓄積された老廃物や脂肪が排出されやすくなります。リンパや血液のめぐりがよくなり、みずみずしい肌とバランスのよい体型が手に入ります。また代謝も飛躍的にあがるので、やせたあとに効果が持続し、リバウンドすることがありません。


私のサロンでは、普段からこの施術を行っています。

今回はそんなプロの技を、誰にでもかんたんにでき、続けられるように改良しました。

さらに、そのまま眠ることができるようにベッドや布団の上で行えるよう、考案したのが「張り筋はがし」です。


まずは2週間続けてみてください。

毎朝、体と心が変わっていくことを実感できるはずです。

夜久 ルミ子

外見だけでなく、
内側からの変化も！

寝る前5分 張り筋はがし をやってみた！

本書で紹介する「張り筋はがし」を 20〜50 代、11 人の方がチャレンジ。特別な運動や食事制限は一切ありません。体にどのような変化があったのか見ていきましょう。

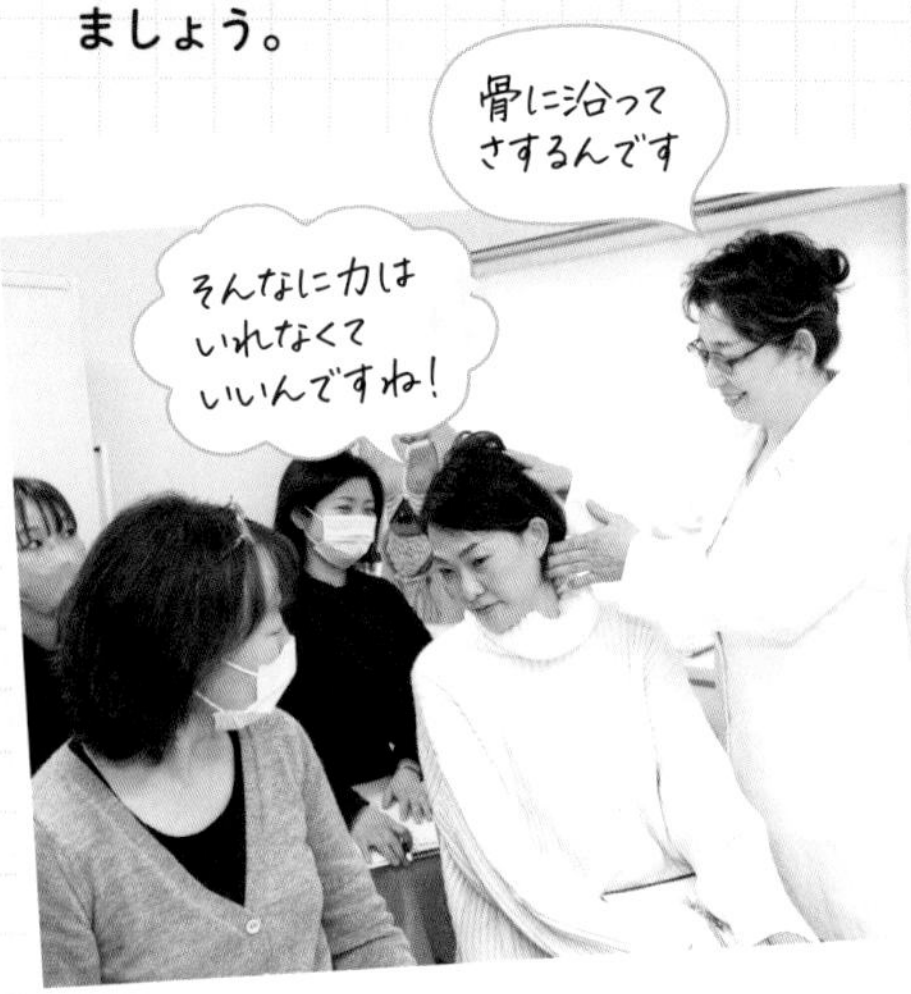
骨に沿って
さするんです
そんなに力は
いれなくて
いいんですね！

＼ みなさんが
挑戦したのは… ／

☑ 基本の「張り筋はがし」
▶ P48 〜 67 を
寝る前5分間、
2週間〜1か月

張ってこりかたまっている筋肉を、癒着している骨膜から
はがすことで、ふっくらとした筋肉によみがえらせます！
睡眠の質が上がり、内臓が活発になって
やせやすい体質になりますよ。
慣れてくると5分程度でさくっとできます。

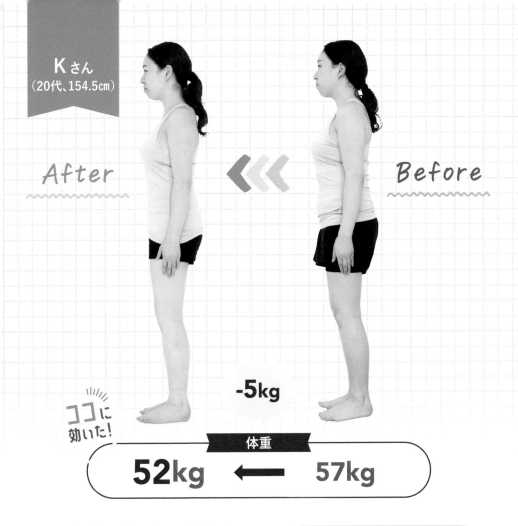

Kさん
（20代、154.5㎝）

After

Before

-5kg

ココに効いた!

体重

52kg ← 57kg

＼ 体の厚みがスッキリ! ／

胃のあたりからふくらんでいたおなかが平らになりました！ 張り筋はがしで１日を振り返る時間ができ、生活習慣を見直すことで食欲も抑えられました。体が軽く感じます！

こんなに変わった！

体　　重	−5kg	**52kg**	← 57kg
二 の 腕	−2㎝	**25㎝**	← 27㎝
ウエスト	−5㎝	**85㎝**	← 90㎝
太 も も	−4㎝	**49㎝**	← 53㎝
ふくらはぎ	−1.5㎝	**34.5㎝**	← 36㎝

猫背ぎみで、反り腰だったKさん。全体にスッキリした印象になりましたね！張り筋はがしで、体と一緒に心までリセットされたことで、結果として食欲の低下につながっていますね！

Sさん
（40代、159cm）

After

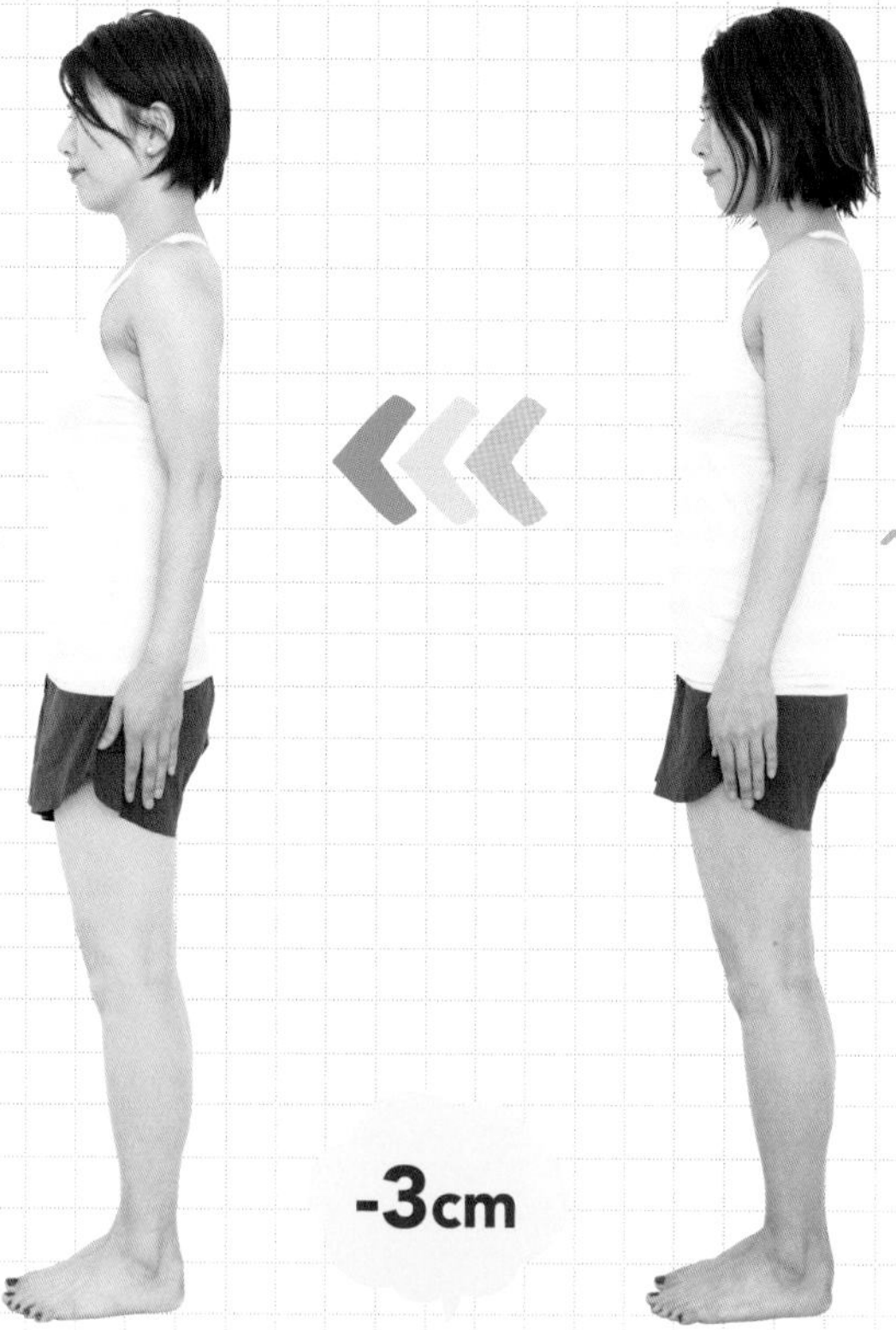

Before

-3cm

ココに効いた!

二の腕

24.6cm ← 27.6cm

＼ 冷えが解消されポカポカ! ／

以前から下半身の冷えが気になっていましたが、張り筋はがしを始めたら、靴下をはかなくても眠れるようになりました! 便秘も改善されおなかの張りもなくなりました。

こんなに変わった!

体重	−1kg	**48.8kg**	← 49.8kg
二の腕	−3cm	**24.6cm**	← 27.6cm
ウエスト	−1cm	**75.0cm**	← 76.0cm
太もも	−2.4cm	**48.0cm**	← 50.4cm
ふくらはぎ	−1.3cm	**31.7cm**	← 33.0cm

靴下をはいて寝ていた冷え性が改善、太ももと二の腕が減ったのは、体のすみずみにまで栄養とホルモンを血液が運んだため。同時に体のだるさと便秘も改善したようでよかったですね。

Yさん
（50代、159㎝）

After

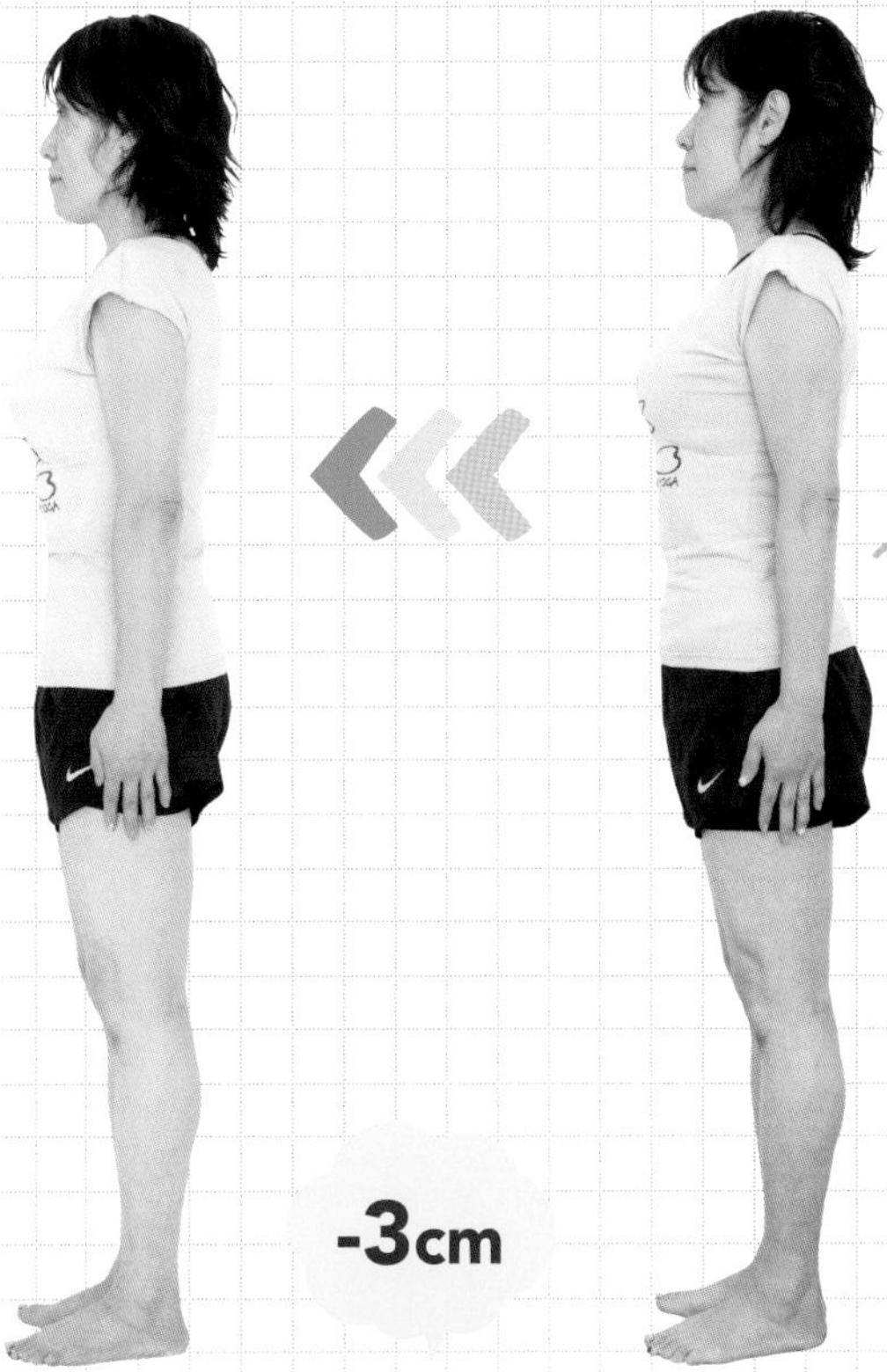

Before

-3cm

ココに効いた!

ウエスト

87.2cm ← 90.2cm

\ ウエストがすっきり! /

日頃から肩こりとぽっこりおなかが悩みでした。張り筋はがしのあとは体がポカポカになり、ぐっすり眠れるようになりました。肩こりも改善し、スカートがゆるくなって感動！

こんなに変わった!

体　　重	−1.8kg	**54.4kg** ← 56.2kg	
二の腕	0㎝	**27㎝** ← 27㎝	
ウエスト	−3㎝	**87.2㎝** ← 90.2㎝	
太もも	−2.6㎝	**49㎝** ← 51.6㎝	
ふくらはぎ	0㎝	**54.5㎝** ← 54.5㎝	

くびれが出てきましたね。肩の位置が下がり、姿勢もよくなりました。階段がラクになったり、呼吸がしやすく、尿の回数が増えたという変化もあったようで、これはすべて基礎代謝が上がったためです。

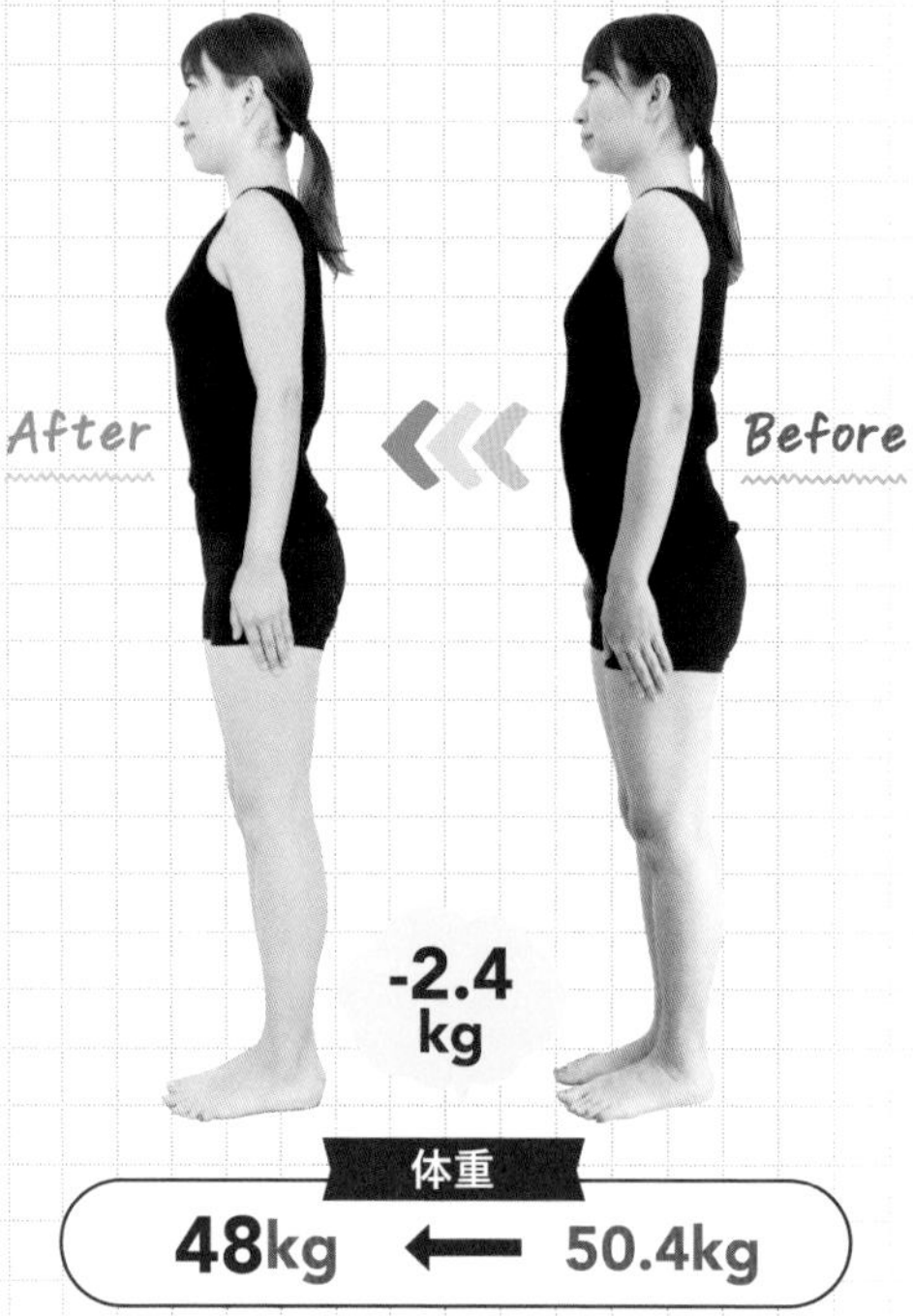

Yさん（30代、160㎝）

＼ 疲れにくくなった！ ／

手足や腰に冷えがありましたが、張り筋はがしをしたらポカポカに。体重も減り、階段の上り下りがラクになりました。疲れにくくなったようにも思います。

全身が冷えて、首・肩こり、便秘があったようですね。血行・自律神経の両方が整って、全部が同時に改善されたようです。腰の位置も上がりましたね！

こんなに変わった！

体　重	−2.4kg	48kg ← 50.4kg
二の腕	−3㎝	26㎝ ← 29㎝
ウエスト	−4㎝	74㎝ ← 78㎝
太もも	−1.7㎝	48㎝ ← 49.7㎝
ふくらはぎ	−4.5㎝	31㎝ ← 35.5㎝

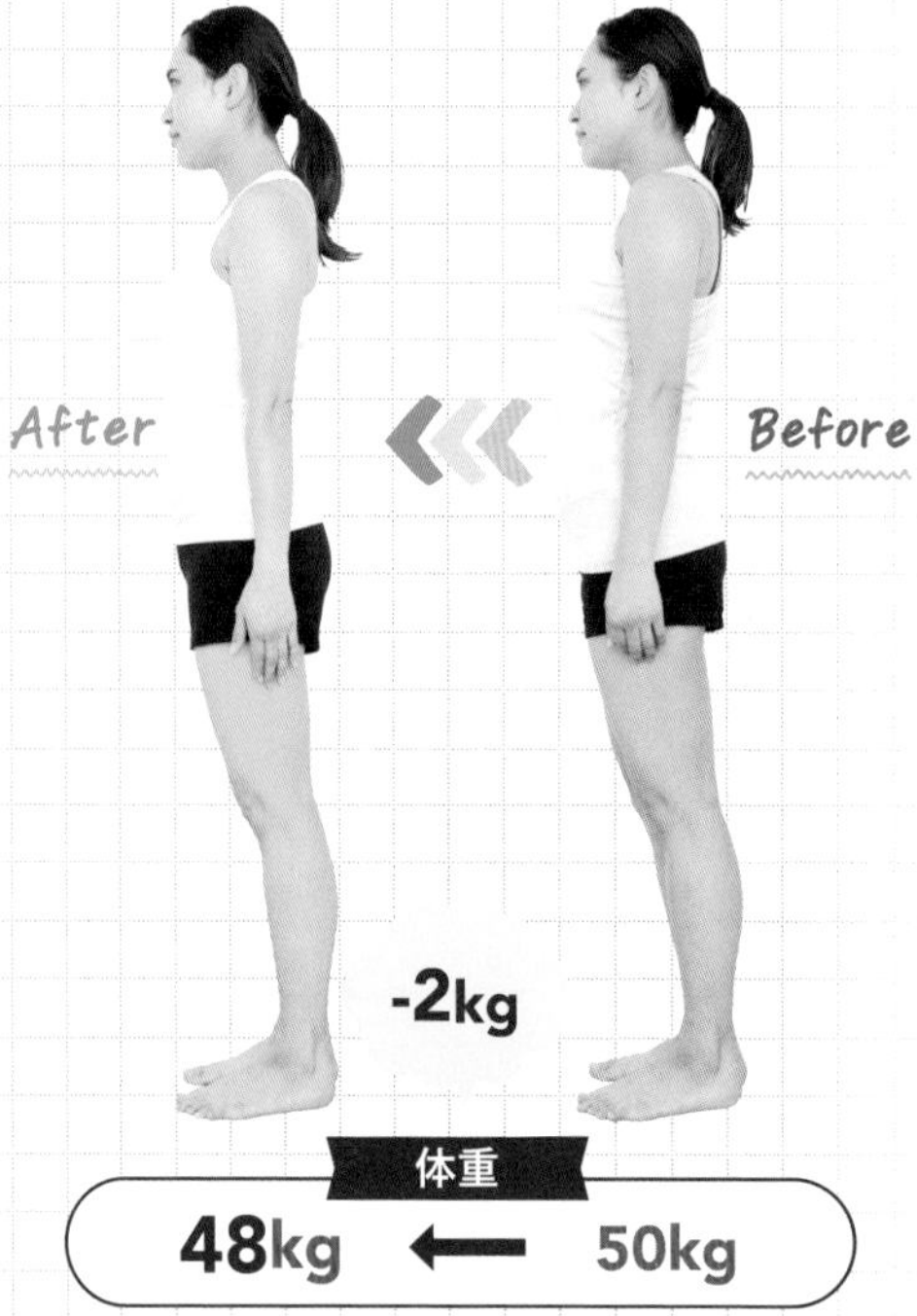

Aさん（30代、156㎝）

＼ 下腹がぺたんこに！ ／

慢性的な肩こりでイライラや疲れがありましたが、張り筋はがしをすると体がスッキリ。下腹もへこみ、ウエストラインの出る服が着られるようになりました。

便秘が改善されたようですね。二の腕もスッキリしています。姿勢が整いました。反り腰気味の方は、首を伸ばす動きが効果的です。イライラも減りますよ！

こんなに変わった！

体　重	−2kg	48kg ← 50kg
二の腕	−2.2㎝	25㎝ ← 27.2㎝
ウエスト	−1.5㎝	80㎝ ← 81.5㎝
太もも	−0.5㎝	48.5㎝ ← 49㎝
ふくらはぎ	−0.5㎝	32.5㎝ ← 33㎝

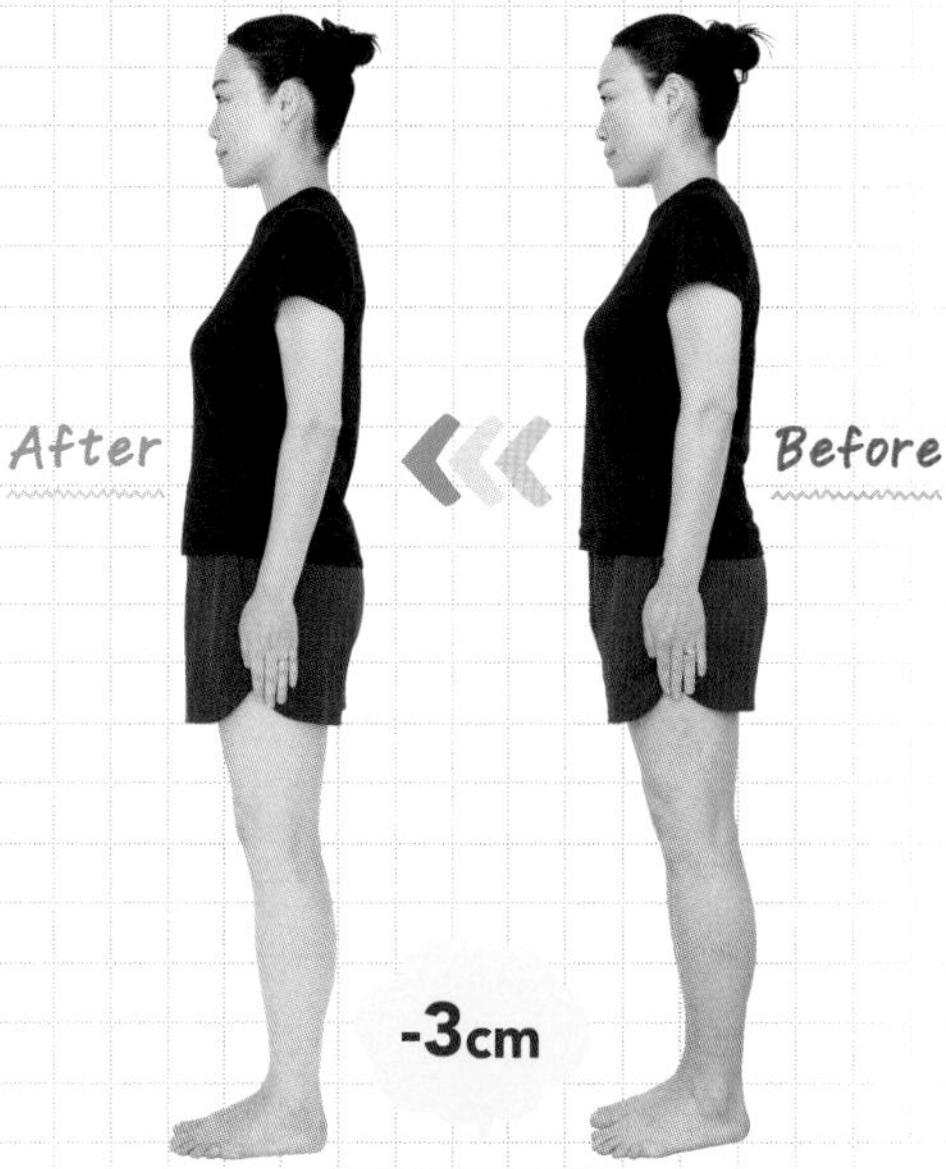
After
Before
-3cm

太もも

56.5cm ← 59.5cm

Kさん（40代、166㎝）

＼ ひどい便秘が解消！ ／

便秘に悩んでいましたが、改善されてウエストや足がスッキリしました！外食した日も体重が増えにくくなり、日々の食事でも自然と食べすぎないようになりました。

太ももや二の腕が減り、体型がスッキリされましたね。便通も改善されたようで、 お肌がとてもキレイです。張り筋はがしでは、体の内側からも外側からもアプローチできるのです。

こんなに変わった！

体　　重	−1kg	**63kg** ← 64kg	
二 の 腕	−2.7㎝	**28.3㎝** ← 31㎝	
ウエスト	−0.8㎝	**84.5㎝** ← 85.3㎝	
太 も も	−3㎝	**56.5㎝** ← 59.5㎝	
ふくらはぎ	−0.2㎝	**37.3㎝** ← 37.5㎝	

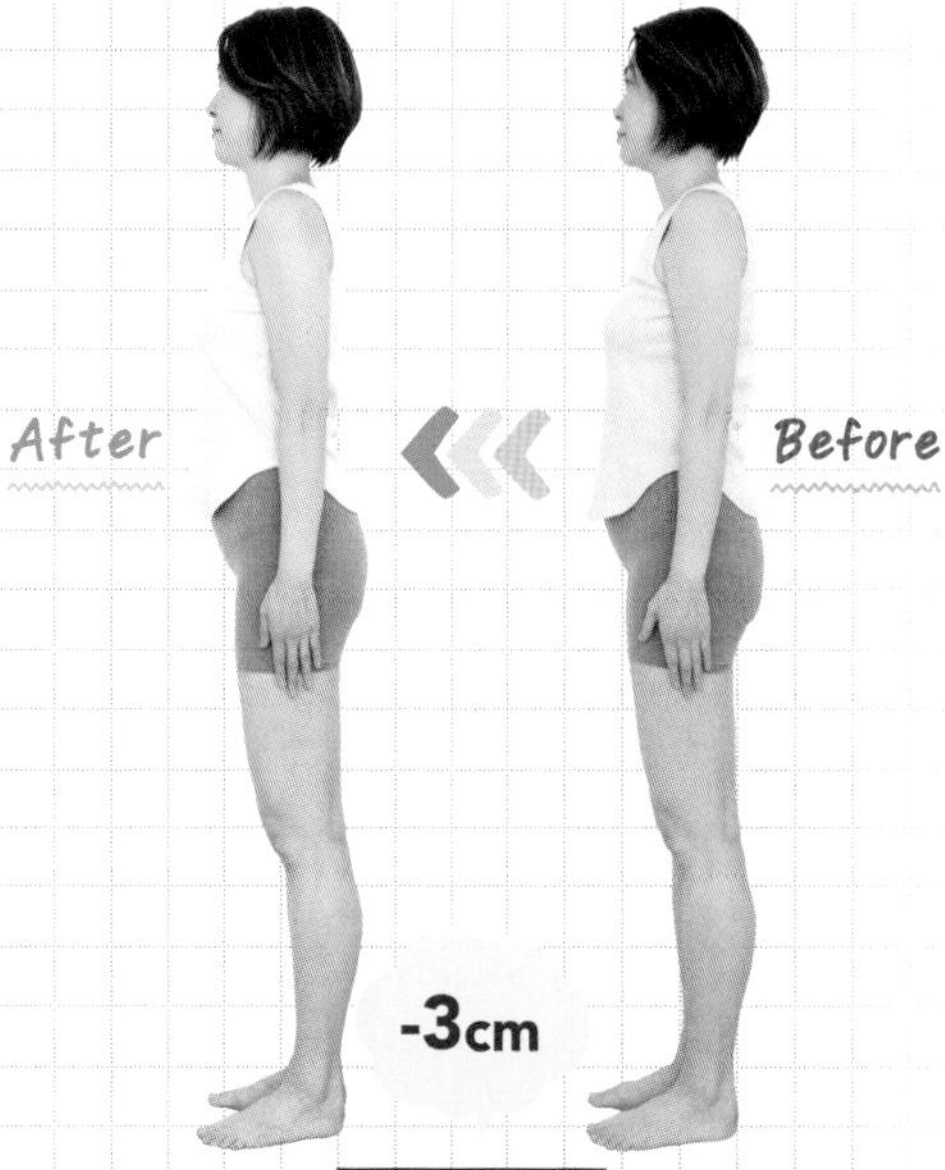
After
Before
-3cm

太もも

52cm ← 55cm

Mさん（40代、173㎝）

＼ やけ食いをしなくなった！ ／

足先やおなかの冷えが気になり、今までは何をしてもやせませんでした。睡眠の質が上がり、食に執着がなくなりました。体重の変化よりも、見た目がずいぶん変わりました！

自律神経が整い、食欲のコントロールができるようになりましたね。手足やおなかの冷えも改善されよく眠れるようになっているので、 これからもっとやせていきますよ。

こんなに変わった！

体　　重	−2.1kg	**60.5kg** ← 62.6kg	
二 の 腕	−2㎝	**26.5㎝** ← 28.5㎝	
ウエスト	−2㎝	**87㎝** ← 89㎝	
太 も も	−3㎝	**52㎝** ← 55㎝	
ふくらはぎ	−1.7㎝	**34.8㎝** ← 36.5㎝	

After
Before
-2kg
体重
57kg ← 59kg

Kさん（20代、159㎝）

＼ 足のむくみがとれた！ ／

体が重たく疲れやすい状態でした。足の出るボトムスを避けていたのですが、細くなって着られるように！張り筋はがしはかんたんなのでこれからも続けたいです。

張り筋はがしを行った日とそうでない日の違いを感じられ、また、ぐっすり眠れるようになったとのこと。モチベーションが上がっているようでうれしいです。

こんなに変わった！

体　重	−2kg	**57kg**	← 59kg
二の腕	−1.7㎝	**29.3㎝**	← 31㎝
ウエスト	−0.5㎝	**81.2㎝**	← 81.7㎝
太もも	−2.5㎝	**56㎝**	← 58.5㎝
ふくらはぎ	−0.9㎝	**35.2㎝**	← 36.1㎝

After
Before
-8cm
ウエスト
89.2cm ← 97.2cm

Sさん（40代、163㎝）

＼ 肩こりや頭痛も改善 ／

張り筋はがしをした日は朝起きたときに体が軽く感じられました。肩こりや頭痛が慢性的にありましたが、改善されて、体がスッキリしました！

常に体がだるく、疲れを感じていらしたのに、朝からスッキリ目覚め、パフォーマンスが上がったのは、血行促進と、自律神経改善のせい。姿勢がよくなり、ウエストのくびれも出てきましたね！

こんなに変わった！

体　重	−0.2kg	**67.2kg**	← 67.4kg
二の腕	−1.5㎝	**28㎝**	← 29.5㎝
ウエスト	−8㎝	**89.2㎝**	← 97.2㎝
太もも	0㎝	**51.5㎝**	← 51.5㎝
ふくらはぎ	−0.5㎝	**33㎝**	← 33.5㎝

After
Before
-1.5
cm

ふくらはぎ

34.3cm ← 35.8cm

Kさん（50代、154㎝）

＼ ぐっすり眠れる！ ／

慢性的な体調不良に悩んでいましたが、体調がよくなったと感じます。飲み会が多い時期で数値の変化は少ないですが、お酒を飲んで寝ても顔がむくみませんでした。

高血圧・高コレステロールを気にされていましたが、張り筋はがしは血圧・内臓機能を正常化する効果があります。肩こりやむくみが改善され、寝つきがよくなっていますね！

こんなに変わった！

体　　重	+0.2kg	**59.0kg**	← 58.8kg
二 の 腕	0㎝	**28.3㎝**	← 28.3㎝
ウエスト	0㎝	**91㎝**	← 91㎝
太 も も	−0.3㎝	**55.7㎝**	← 56㎝
ふくらはぎ	−1.5㎝	**34.3㎝**	← 35.8㎝

After
Before
-5cm

ウエスト

85cm ← 90cm

Mさん（50代、159㎝）

＼ 化粧ノリがアップ！ ／

いつも途中で目が覚めていましたが、ぐっすりと眠れるようになりました。肌の調子がよく、化粧ノリがよくなってうれしいです。つらい肩こりも軽減して、体が軽く感じられます。

ウエストだけでなく、姿勢も改善していますね。肩や足の張り筋がほぐれたからでしょう。体の中から変わったことが肌に表れてますね。

こんなに変わった！

体　　重	−2.5kg	**56.5kg**	← 59kg
二 の 腕	−0.5㎝	**26.5㎝**	← 27㎝
ウエスト	−5㎝	**85㎝**	← 90㎝
太 も も	−3㎝	**39㎝**	← 42㎝
ふくらはぎ	−1㎝	**35㎝**	← 36㎝

目次 CONTENTS

PART 2

押して、さするだけ！

寝る前5分の張り筋はがし

PART 3

理想の体型をつくる！

気になる部位の張り筋はがし

PART 1

寝ている間に体が変わる！

張り筋はがしでスルッとやせるワケ

〝やせるために筋肉を刺激する〟というのはこれまで様々な運動やマッサージでもありました。「張り筋はがし」というメソッドは、筋肉の端に注目した、全く新しい考え方。しくみと効果をご紹介します。

やせられない、体がつらい、それは張り筋のしわざです！

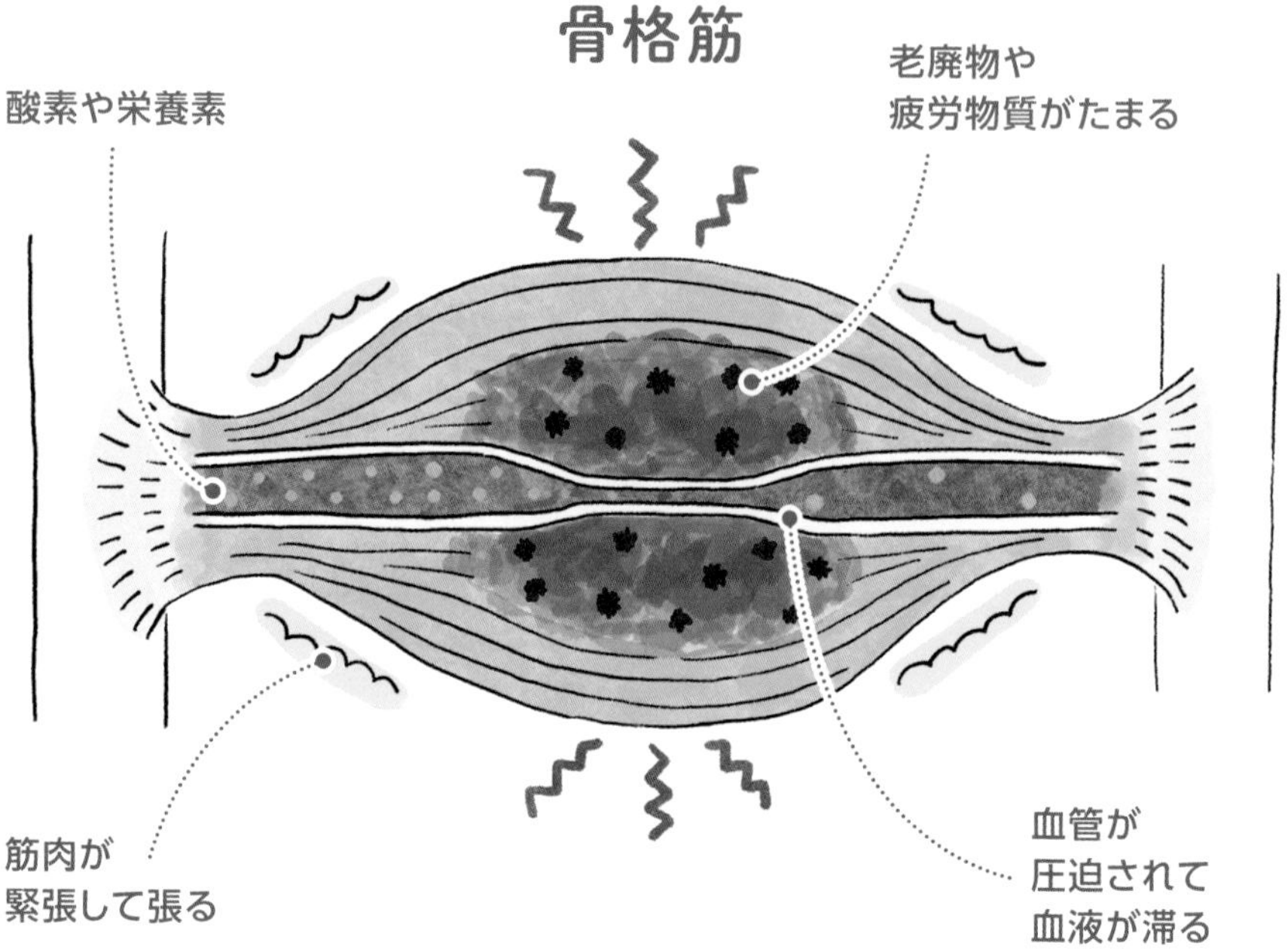

骨格筋
酸素や栄養素
老廃物や疲労物質がたまる
筋肉が緊張して張る
血管が圧迫されて血液が滞る

このままの生活では筋肉は張るばかり

　通常筋肉はポンプのように収縮と弛緩をくり返して、全身に血液や栄養を流し、届けます。しかし、筋肉が張ってかたくなる「張り筋」の状態になると、血管やリンパ管が圧迫されて正常に働かず、めぐりが滞ってしまいます。

　筋肉には心筋、内臓筋、骨格筋の3種類があります。このうち骨と骨をつなぐようについている骨格筋がとくに、このような体の循環に関係しています。張り筋は普段の姿勢や、ちょっとした動作、間違ったダイエット法などで、無意識のうちに起こってしまいます。

筋肉が張る生活をしていませんか？

- □スマホやパソコンを毎日使う
- □同じような生活パターンで過ごしている
- □筋トレをする際、腹筋やスクワットなど毎回同じ動きをしている
- □マッサージ店によく行く
- □ストレッチをするときに、同じ箇所ばかり行う

1つでもチェックがついた方は要注意。日常生活で動きのクセがあったり、健康目的で運動をしていても、同じ筋肉ばかり使っていると、張っていきます。

これらの生活で筋肉が張ると…

筋肉がかたくなる

↓

老廃物がたまり血流が悪くなる

↓

基礎代謝が下がる

↓

- **免疫力が下がり、不調や病気になりやすい**
- **脂肪が燃焼せず太りやすい**

筋肉が張った状態が慢性化すると、筋肉の中に疲労物質や老廃物がたまり、血流が滞ったり、内臓が正常に働かなかったりと負の連鎖が起こります。これは不調や病気の原因に。もちろん、脂肪もたまりやすく、やせにくくなってしまいます。

筋肉をはがすと驚くほどやせていく!

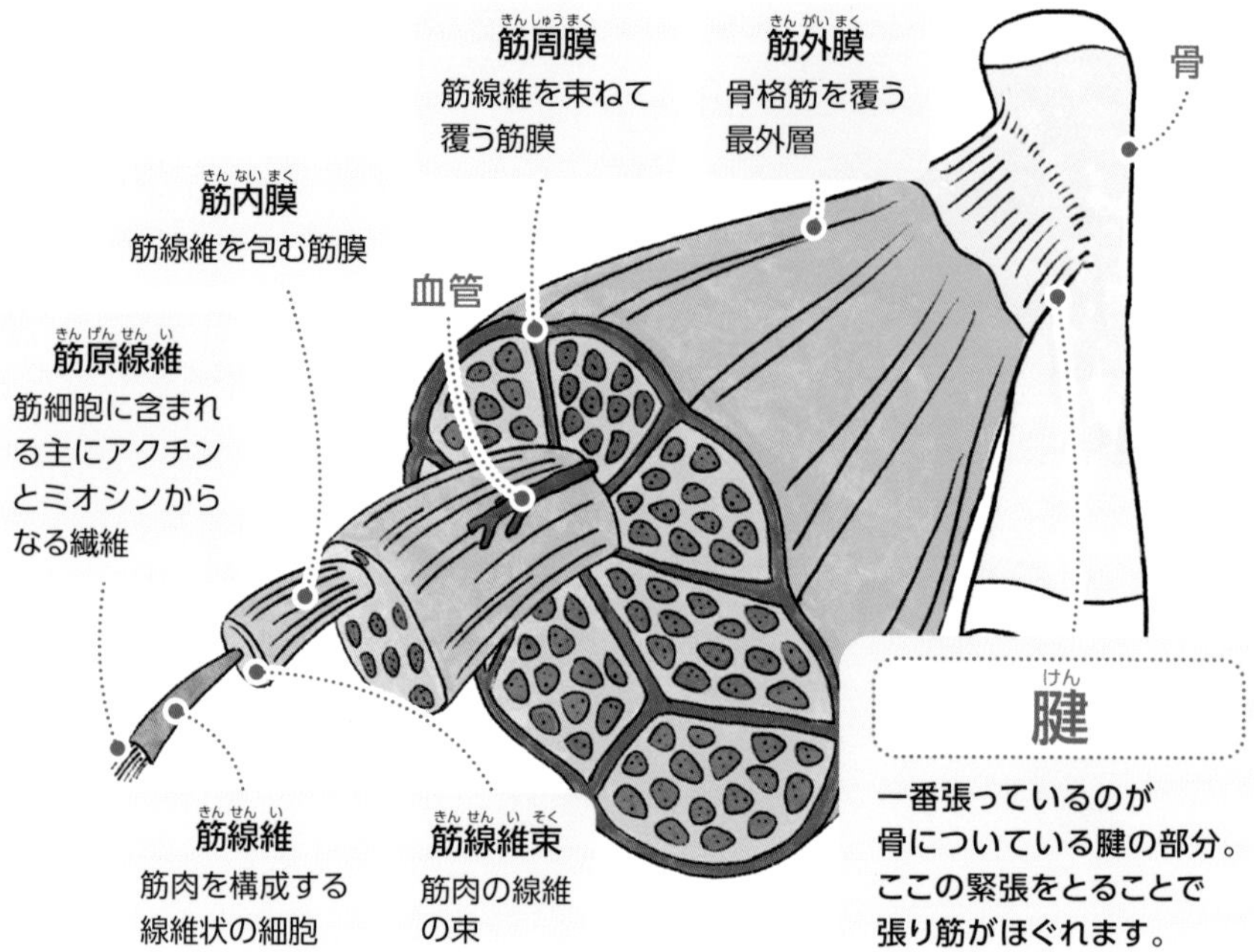
筋周膜《きんしゅうまく》
筋線維を束ねて覆う筋膜
筋外膜《きんがいまく》
骨格筋を覆う最外層
骨
筋内膜《きんないまく》
筋線維を包む筋膜
血管
筋原線維《きんげんせんい》
筋細胞に含まれる主にアクチンとミオシンからなる繊維
腱《けん》
一番張っているのが骨についている腱の部分。ここの緊張をとることで張り筋がほぐれます。
筋線維《きんせんい》
筋肉を構成する線維状の細胞
筋線維束《きんせんいそく》
筋肉の線維の束

張り筋を根本的にほぐすには癒着をはがすこと

筋肉は全体が筋膜で覆われ、端にいくと腱になります。この腱が骨に接しています。骨のほうは骨膜に覆われており、骨膜と腱がつながっていて、筋肉の収縮活動に連動して骨が動き日々の生活動作を行います。

つまり、体を動かせば必ず筋肉は引っ張られ、緊張している状態になります。それが積み重なることで腱がかたくなり、両端から引っ張るような状態で筋肉全体が硬直してしまうのです。これが「張り筋」です。

この癒着をはがさなければ根本的に筋肉の緊張をほぐすことができません。

筋トレやマッサージは筋肉の真ん中しか刺激していません！

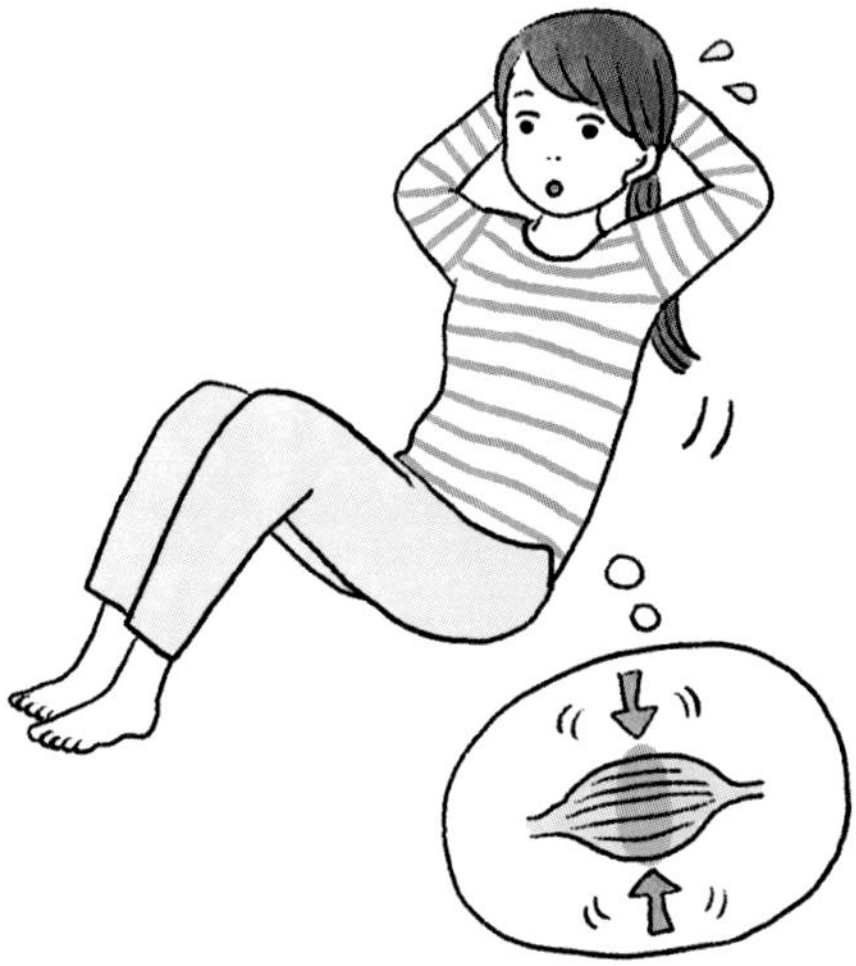

細くしたい、鍛えたい体の部位を意識して運動やマッサージをしていませんか？　これは筋肉の真ん中の筋腹という部分を刺激する方法。確かに筋腹は大きいため広範囲に刺激できますが、緊張したままの筋肉に刺激をあたえても効果はあまり期待できません。一時的に変化したように見えても老廃物や不要な脂肪がたまったままで、すぐに元に戻ってしまいます。

張り筋を解消するには筋肉の端を刺激してはがすのが正解！

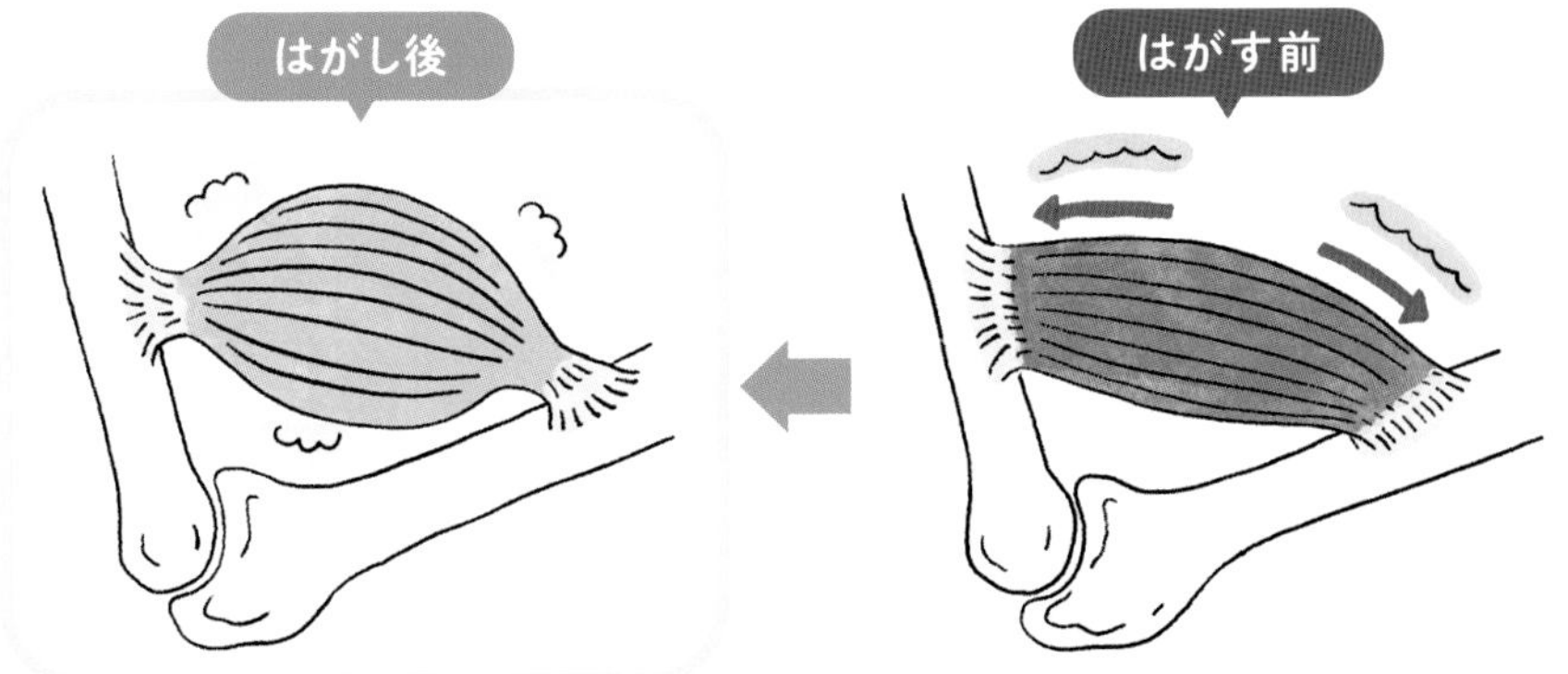

骨膜から腱がはがれて腱の緊張が解けると、筋肉全体がゆるみやわらかくなる。

骨膜と腱がくっついた状態で両端から筋肉が引っ張られて緊張した状態。

張り筋のモトをほぐす！
“筋肉の端”がやせポイント

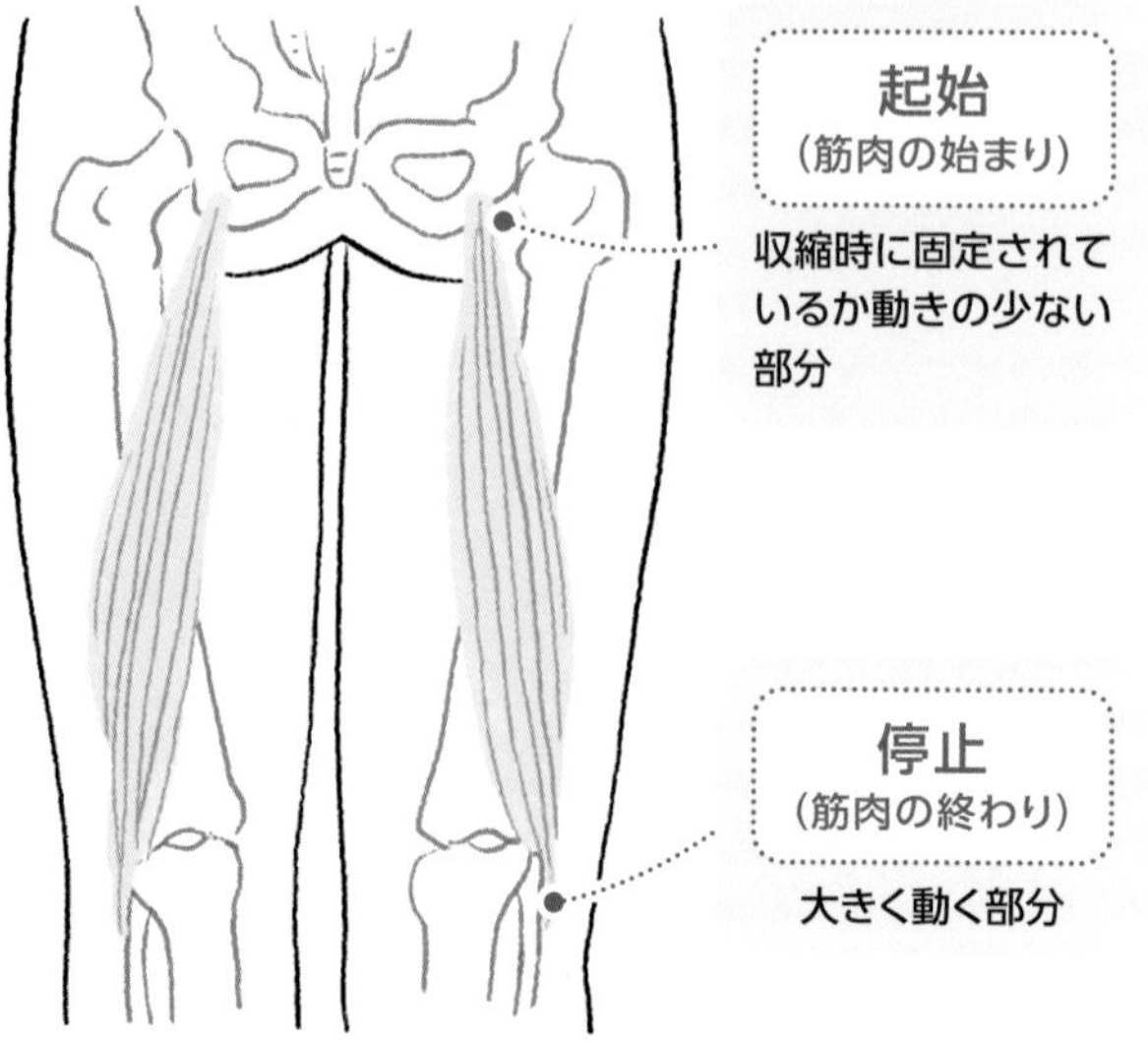
起始
（筋肉の始まり）
収縮時に固定されているか動きの少ない部分
停止
（筋肉の終わり）
大きく動く部分

筋肉の両端は離れた場所にあることが多く、真ん中だけはがしても両方から引っ張られ、元に戻ってしまう

筋肉の端を圧迫するとふわふわ筋肉に

体中には約６４０の筋肉があり、骨と骨をつなぐようについていて、伸びたり縮んだりすることで体が動いています。大きな筋肉になると、数か所の骨にまたがってつながっているので、筋肉がかたまって「張り筋」状態になると、近くの筋肉も連動して張りやすくなります。

とくにかたくなりやすい筋肉の端の緊張を解くことで、筋肉全体の張りがやわらぎ、ふんわりとして、正常な収縮活動を行える「ふわ筋」状態になります。やせたいと思うなら、このふわ筋を目指す必要があります。

主要な筋肉の端はこんなところにあります！

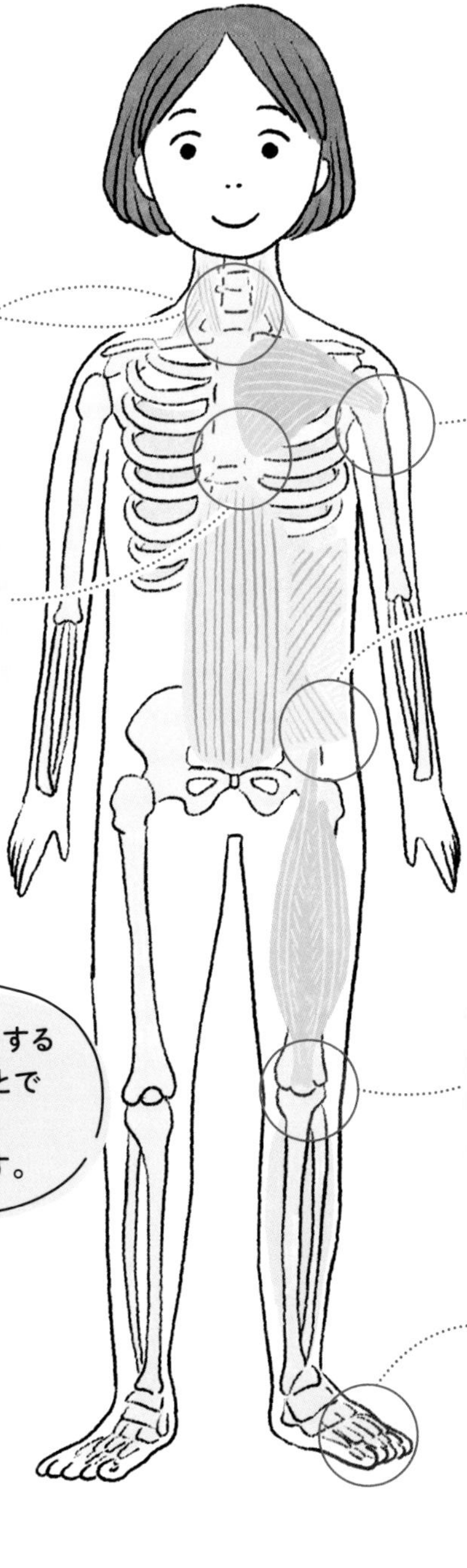

首・背中
僧帽筋《そうぼうきん》や胸鎖乳突筋《きょうさにゅうとつきん》など、首と胴体を結ぶ筋肉の端が多い。

上腕
胸筋や背中の広背筋など、上半身の前側、後側の筋肉の端が集まる。

ろっ骨
呼吸を助けるための筋肉が多く、ろっ骨を覆うようについている。

骨盤
腹筋やお尻の臀筋《でんきん》、太ももの筋肉の端が集まるところ。

ひざ前、裏
太ももの大きな大腿四《だいたいし》頭筋《とうきん》や、ふくらはぎにかけての筋肉の端。

足の裏
ふくらはぎから始まる複数の筋肉の停止部分が集まる。

筋肉の端が集中する場所をほぐすことで効率的に効果を得やすくなります。

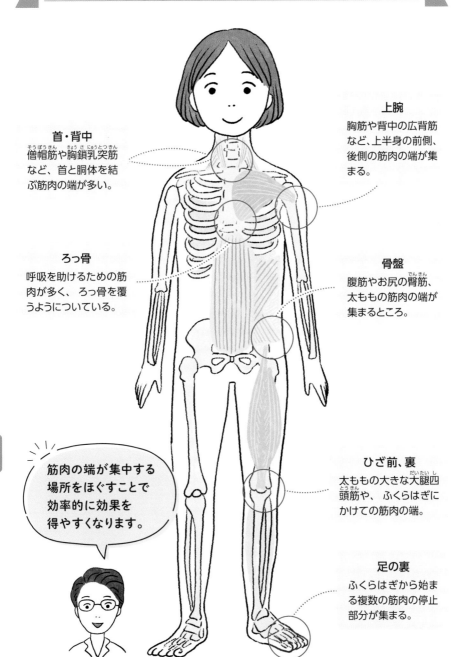

張り筋はがしは2ステップ
誰でもかんたんにできる！

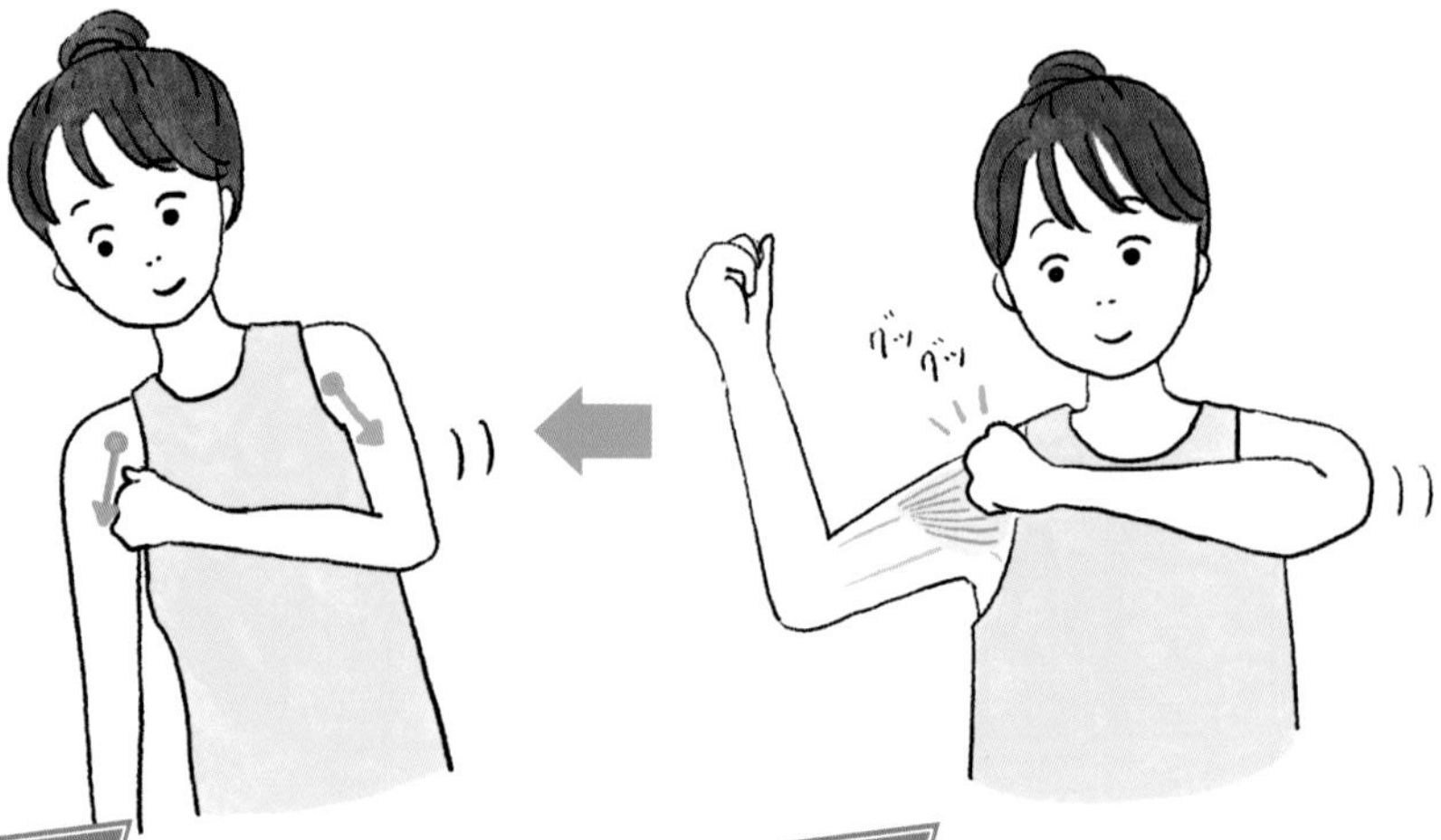

STEP1
圧迫する

筋肉の端にある骨のキワを狙って、軽く握った手で圧迫します。

STEP2
握った手でさする

筋肉の流れに沿って、握った手のまま、なでるようにさすります。

誰でもできるのに効果は絶大

本書で紹介する「張り筋はがし」は、一見、マッサージのようですが、筋肉の端を刺激するこれまでにない画期的なエクササイズ。

筋肉の端を圧迫してから、さするだけという誰でもできる動作です。これを下から上に向かって全身に行います。慣れてくれば5分程度でできるようになります。筋肉の端といっても、実際には見えないので狙うのはプロでも難しいもの。しかし「張り筋はがし」は筋肉の端の集合部分を圧迫して流すので、誰でもかんたんに効率よく結果を出せるのです。

通常のマッサージと張り筋はがしの違い

× 通常のマッサージ

筋肉のまん中の
筋腹だけを押して刺激する

↓

張った筋肉が
一時的にはほぐれる

↓

再び筋肉が
張ってしまう

↓

理想の体型にならず
リバウンドしやすい

↓

やせにくい体

◎ 張り筋はがし

筋肉の端を
圧迫してから刺激する

↓

張った筋肉が骨膜から
はがれたような状態になる

↓

筋肉がふっくらほぐれ、
滞っていた血液が流れる

↓

体へのメリットいっぱい！

- ☑ 基礎代謝が大きくアップ
- ☑ 老廃物が しっかり流れ排出
- ☑ 細胞の生まれ変わりを 促進

↓

やせやすい体

無理な運動をしなくても
脂肪が排出されやすく、
たまりにくくなります。

張り筋はがしで筋肉がゆるめば やせてキレイになれる

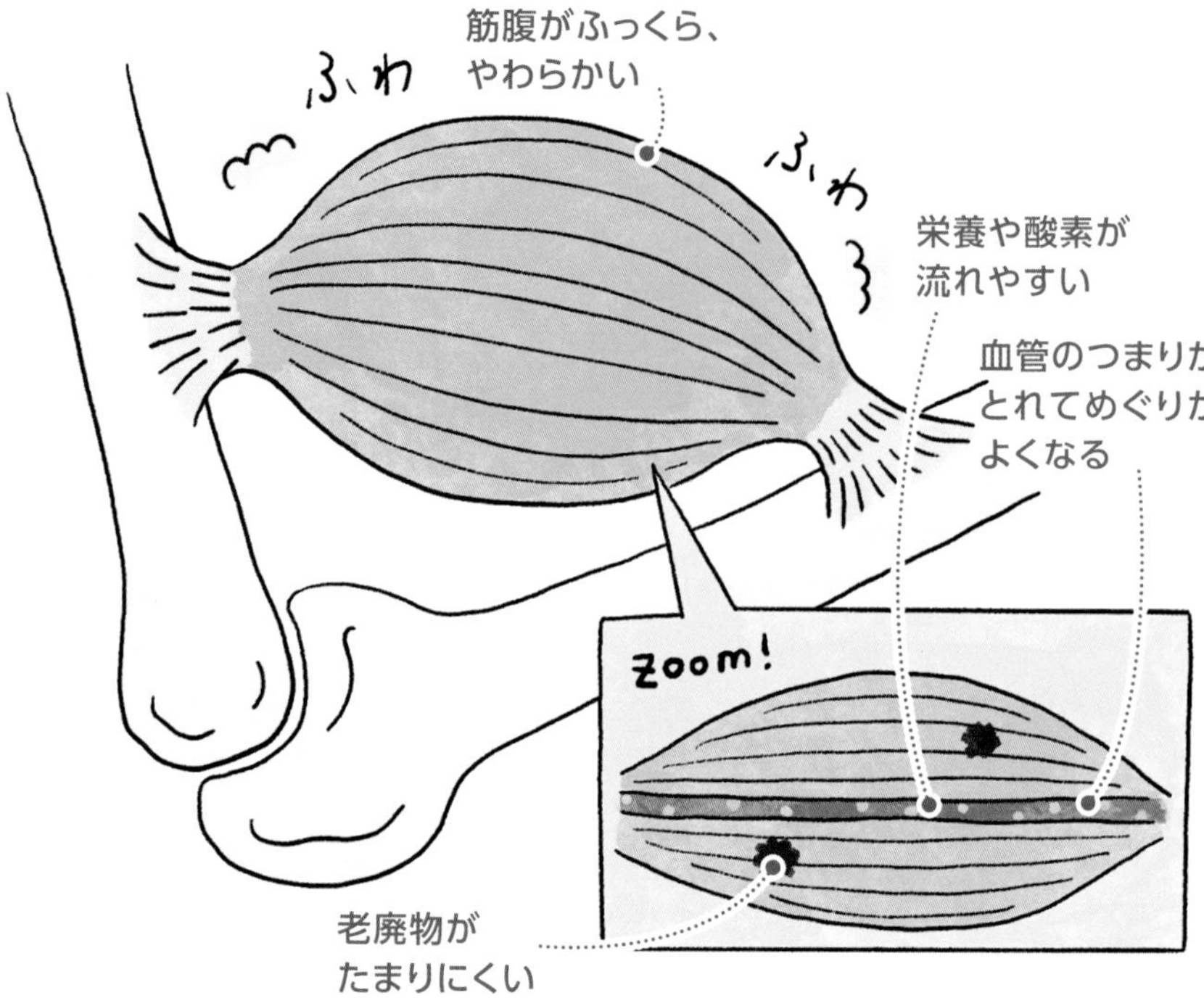
筋腹がふっくら、
やわらかい
ふわ
ふわ
栄養や酸素が
流れやすい
血管のつまりが
とれてめぐりが
よくなる
zoom!
老廃物が
たまりにくい

ふわ筋になると自然とやせる

筋肉はとても細かい筋線維の集合体です。筋肉がかたまって両端の腱《けん》から引っ張られると、絡まった毛糸のようにかたくなりますが、端をほぐすことで、1本1本がふわっとほぐれます。この状態になることで、血液やリンパが体のすみずみまで流れるようになります。すると体の基礎代謝が上がり、脂肪の燃焼が促されます。運動効果が高まり、日常生活の動きでも燃焼しやすくやせやすい体質になるのです。また、細胞の回復や再生も促進するため、肌ツヤがよくなるなど、見た目の変化も感じられるでしょう。

ふわ筋は健康な体づくりにも大切

血圧が安定し、生活習慣病の予防に

血管の負担がなくなり、血液がしっかり流れるようになります。血圧が安定し、動脈硬化や心筋梗塞などのリスクが減り、健康寿命がのびます。

筋肉がしっかり働き、転倒防止や痛み防止に

筋肉の収縮が活発になると骨(関節)の動きもよくなり、可動域が広がるため安定した歩行やバランス力が身につきます。神経を圧迫しなくなるため、関節痛などの痛みの予防にもなります。

全身の血流がよくなり、認知症予防になる

血液が全身にめぐるということは、脳の細かな血管にも行き届くということ。脳のホルモン分泌や神経の伝達を整えます。認知症の予防にも効果的です。

睡眠中に体が変わる!
寝る前がベストタイミング

睡眠の質が上がるとやせやすい体になる

「張り筋はがし」は夜眠る前に行うことで、最大の効果を発揮します。たとえば、日中に筋肉をほぐしても、その後活動していると、再び筋肉は緊張し、疲労してしまうのです。

しかし、「張り筋はがし」なら、そのまま眠ることで筋肉がしっかりとほぐれ、ふわふわの状態を維持できます。また、睡眠時は自律神経を整えたり、ホルモン分泌が活発に行われる時間帯なので、その活動も促進させます。脂肪の燃焼も行われ、寝ている間に体の中が若返り、やせ体質に変わっていくのです。

「張り筋はがし」で気持ちよく入眠

筋肉の端を筋膜からはがすことで、体がリラックスして入眠しやすい。

10分ほどで筋肉がゆるみ老廃物が流れ出す

筋肉の緊張が解け、血液循環がよくなり老廃物を排出。脂肪をため込まない。

ホルモン分泌が活発になり脂肪燃焼

睡眠中に分泌される成長ホルモンが美肌と脂肪燃焼を助けます。

疲れがとれて目覚めがスッキリ

抗酸化ホルモン、メラトニンの分泌が促進され、心身がよみがえる。

毎晩行うとやせサイクルに!

睡眠の質が上がるとこんなやせ効果も!

食欲を刺激するホルモン「グレリン」が減る

グレリンは胃から分泌されるホルモンで、食欲を増進させ脂肪を蓄積します。睡眠の質が悪いとこの分泌が高まり食欲が増します。

食欲を抑えるホルモン「レプチン」が増える

レプチンは脂肪細胞から分泌されるホルモン。満腹中枢を刺激して食欲を抑制する作用やエネルギー消費を増進させる作用があります。

老廃物を根こそぎ出す!
深部リンパ節開放で相乗効果

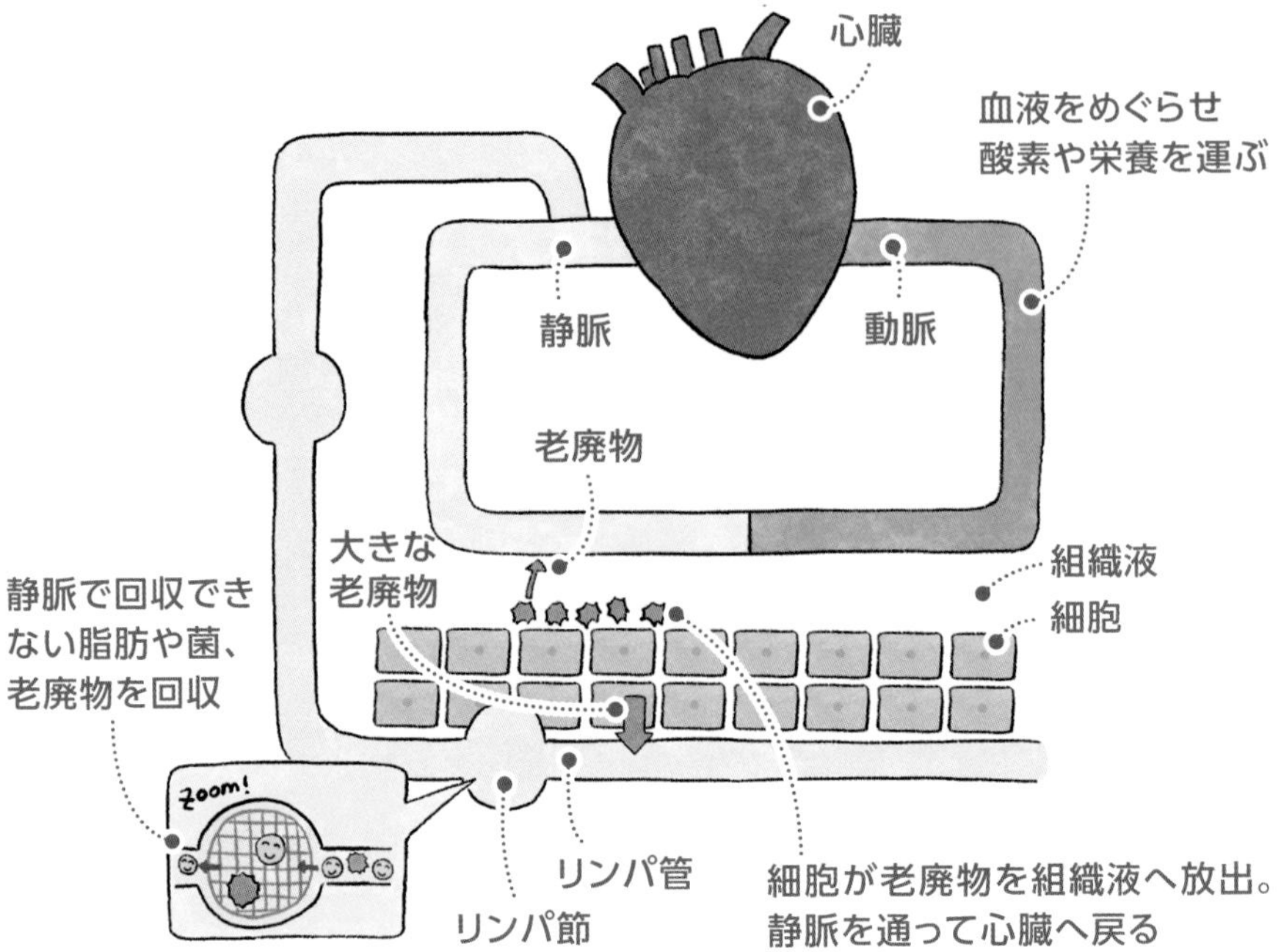
心臓
血液をめぐらせ
酸素や栄養を運ぶ
静脈
動脈
老廃物
大きな
老廃物
組織液
細胞
静脈で回収でき
ない脂肪や菌、
老廃物を回収
zoom!
リンパ管
リンパ節
細胞が老廃物を組織液へ放出。
静脈を通って心臓へ戻る

張り筋をほぐせば リンパの流れも整う

私たちの体には血管に沿う形でリンパ管が張りめぐらされています。体にたまった老廃物や細菌などの有害物質はこのリンパ管を流れ、排出されます。リンパ管にはポンプ作用はなく、全身にリンパを流すためには、筋肉の収縮作用が必要です。

しかし、張り筋の状態で筋肉の動きが悪いと、リンパの流れが遅くなり、うまく排出できません。老廃物をつまらせることなく、スムーズに体外に排出するには、やはり「張り筋はがし」を行って筋肉をゆるめることが大切なのです。

深部のリンパを刺激すれば大量の老廃物が体の外に流れ出る

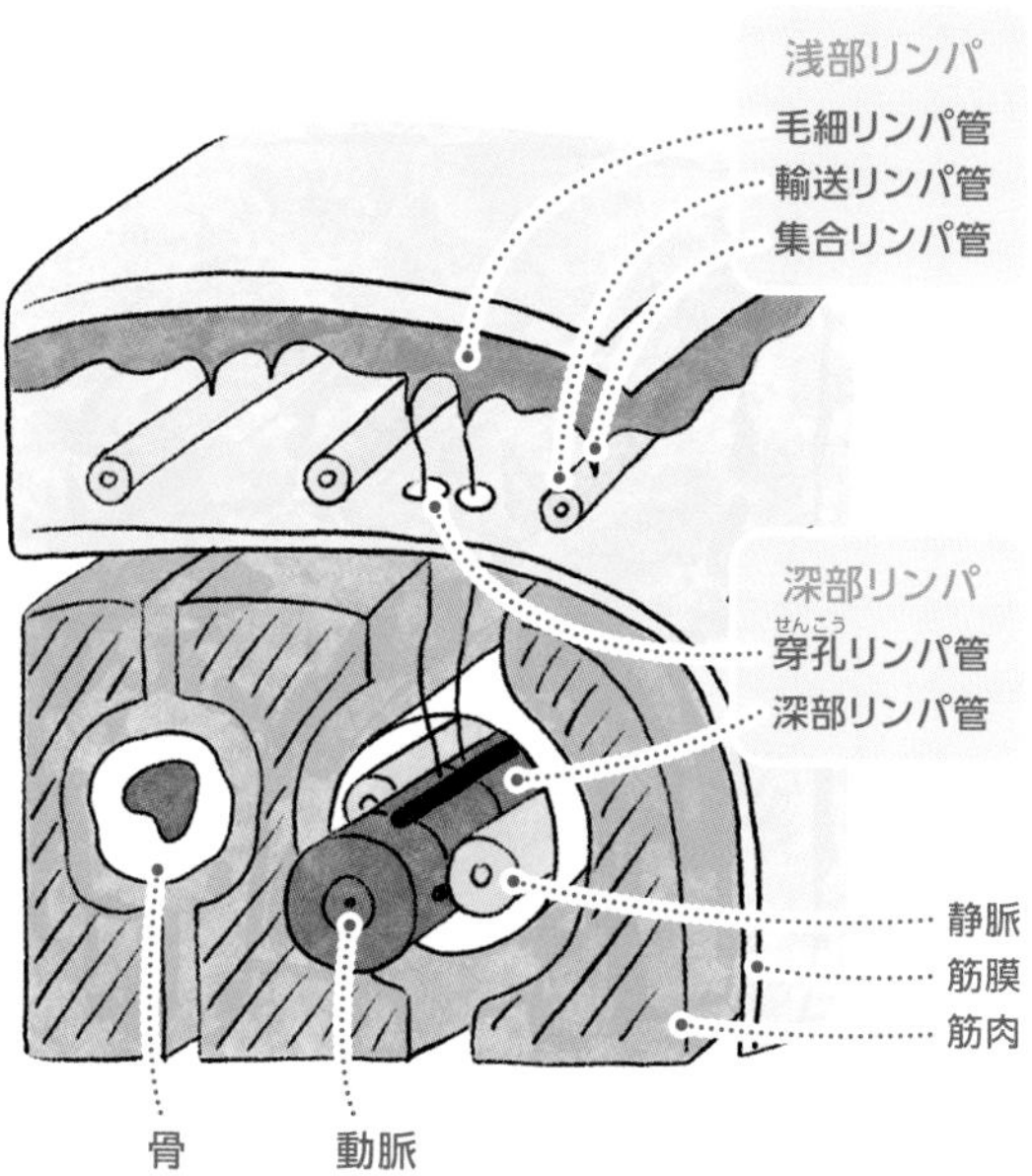

浅部リンパ
毛細リンパ管
輸送リンパ管
集合リンパ管
深部リンパ
穿孔《せんこう》リンパ管
深部リンパ管
静脈
筋膜
筋肉
骨
動脈

肌表面（浅部）を流れているリンパは６％で、残りの94％は深部を流れています。筋肉に圧をかけることで、深部リンパ管が刺激され穿孔リンパ管が活性化。浅部リンパ液がここを通り、深部リンパ管に流れ込みます。同時に深部リンパ節を開放することで、大量の老廃物を排出することができるのです。

「張り筋はがし」をすることで深部リンパ節開放もできる

∨

深部にたまった老廃物もしっかり流れる

∨

脂肪が排出されやすく
やせが加速!
さらにやせが持続する

鎖骨はすべてのリンパ液が集合する場所。「張り筋はがし」を行う前に鎖骨の「深部リンパ節開放」をとり入れることで、リンパを勢いよく流し老廃物を残らず外へ出しやすくしてくれます。

やせるだけじゃない効果！

細胞が生まれ変わり、若返る

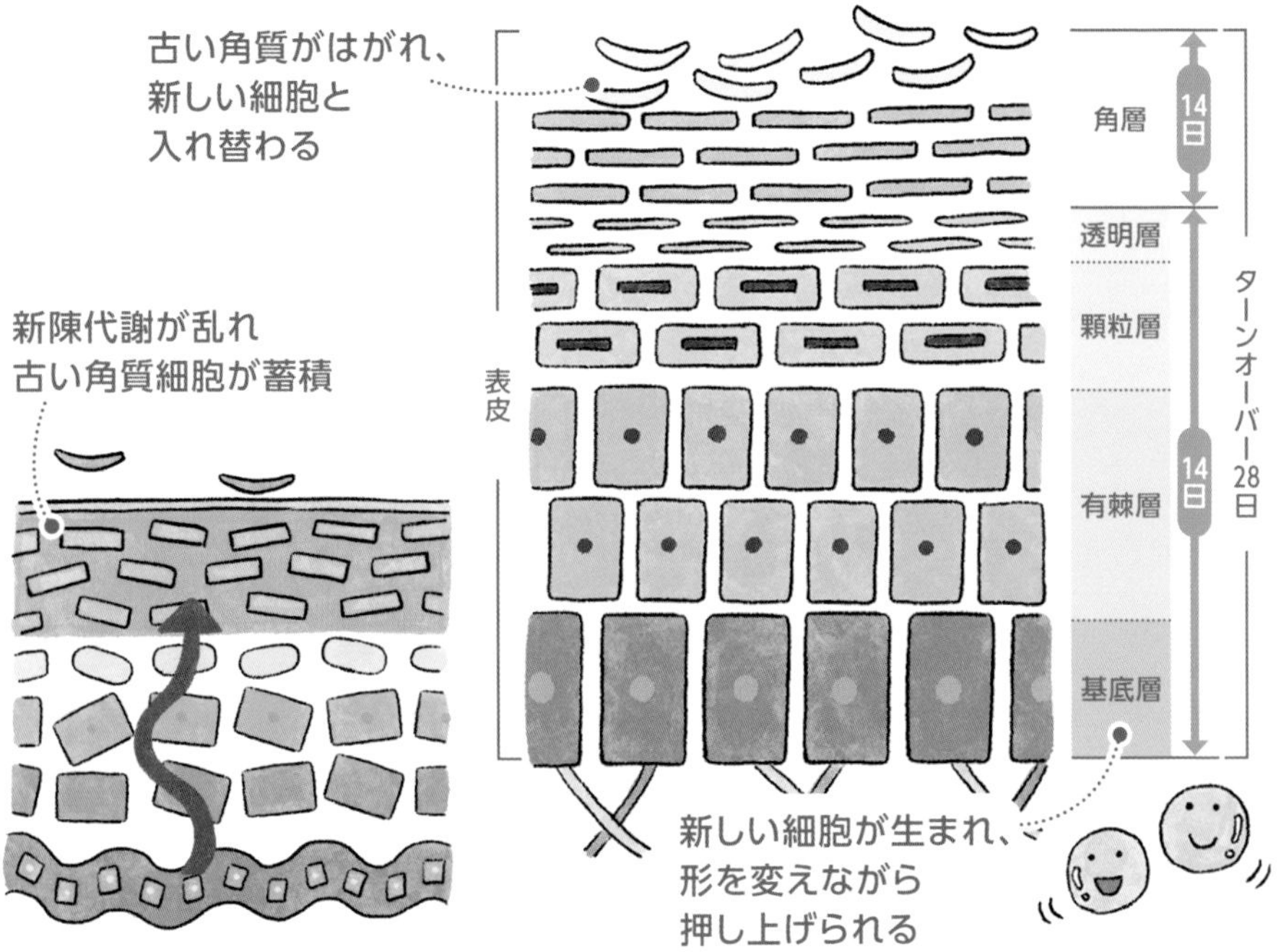
古い角質がはがれ、
新しい細胞と
入れ替わる
新陳代謝が乱れ
古い角質細胞が蓄積
表皮
角層
透明層
顆粒層
有棘層
基底層
14日
14日
ターンオーバー28日
新しい細胞が生まれ、
形を変えながら
押し上げられる

筋肉がやわらかくなり成長ホルモンが分泌

張り筋はがしによって血液循環がよくなると、細胞の新陳代謝が活発になります。

　胃腸は5日周期、肌は28日周期など部位によって新陳代謝のサイクルは異なりますが、年齢を重ねたり、不規則な生活などで新しい細胞の生成ができなくなります。しかし「張り筋はがし」で栄養分が行き渡ると、イキイキとした新しい細胞がつくられるようになるのです。

　また睡眠中に分泌される成長ホルモンには、皮下組織の水分を保つ働きや皮膚細胞の分裂促進の効果があり、ニキビなどの肌トラブルがなくなります。

張り筋はがしせずに古い細胞がたまる

張り筋はがしで細胞が若返る

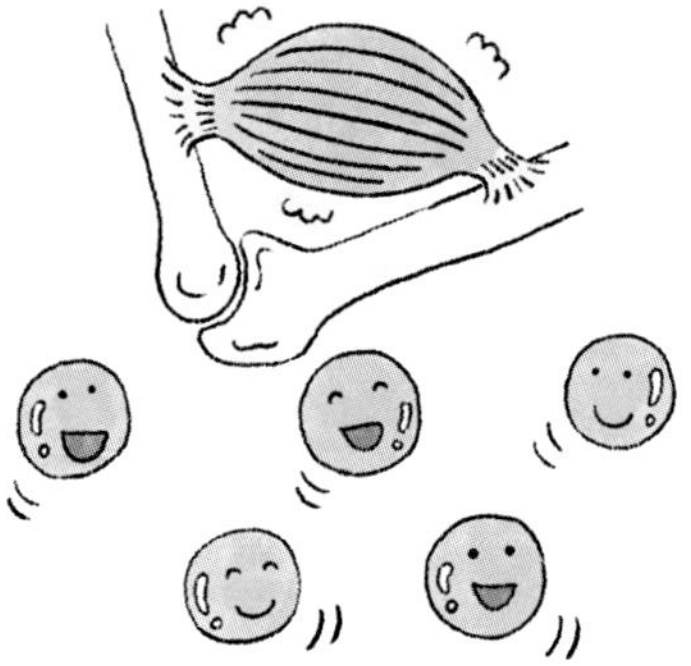

張り筋はがしせずに古い細胞がたまる		張り筋はがしで細胞が若返る
古い細胞がはがれず角質層が厚くなると肌がくすみ、肌のツヤが失われる。	肌ツヤ	新しい細胞が生まれ、古い細胞がはがれることで、くすみのないみずみずしい肌になる。
古い細胞が居座ると水分保持力が弱く、乾燥しやすくなるため、シワやたるみの原因になる。	シワ たるみ	肌のキメが整い、肌表面にハリが出る。皮膚がたるまず、シワが薄くなる。
細胞の入れ替わりが滞ると皮膚がたるみ、脂肪の多いおなかまわりはだらりと見える。	おなかのたるみ	肌と内臓の新陳代謝が上がる。脂肪が燃焼しやすくなり、余分なおなかのたるみが減る。
毛根に古い細胞がたまることで薄毛やごわついた髪質に。抜け毛も増える。	髪	血流がよくなることで毛根にしっかり栄養が届き、髪にツヤとコシが出る。
腸の動きが鈍くなり、便秘などの不調だけでなく、免疫力低下や、脂肪をためやすい体質に。	腸	腸の働きが増して腸内バランスが整い便秘改善。同時に余分な脂肪をため込まないやせ体質に。

体と心、両方に効く！
自律神経が整い健やかな体に

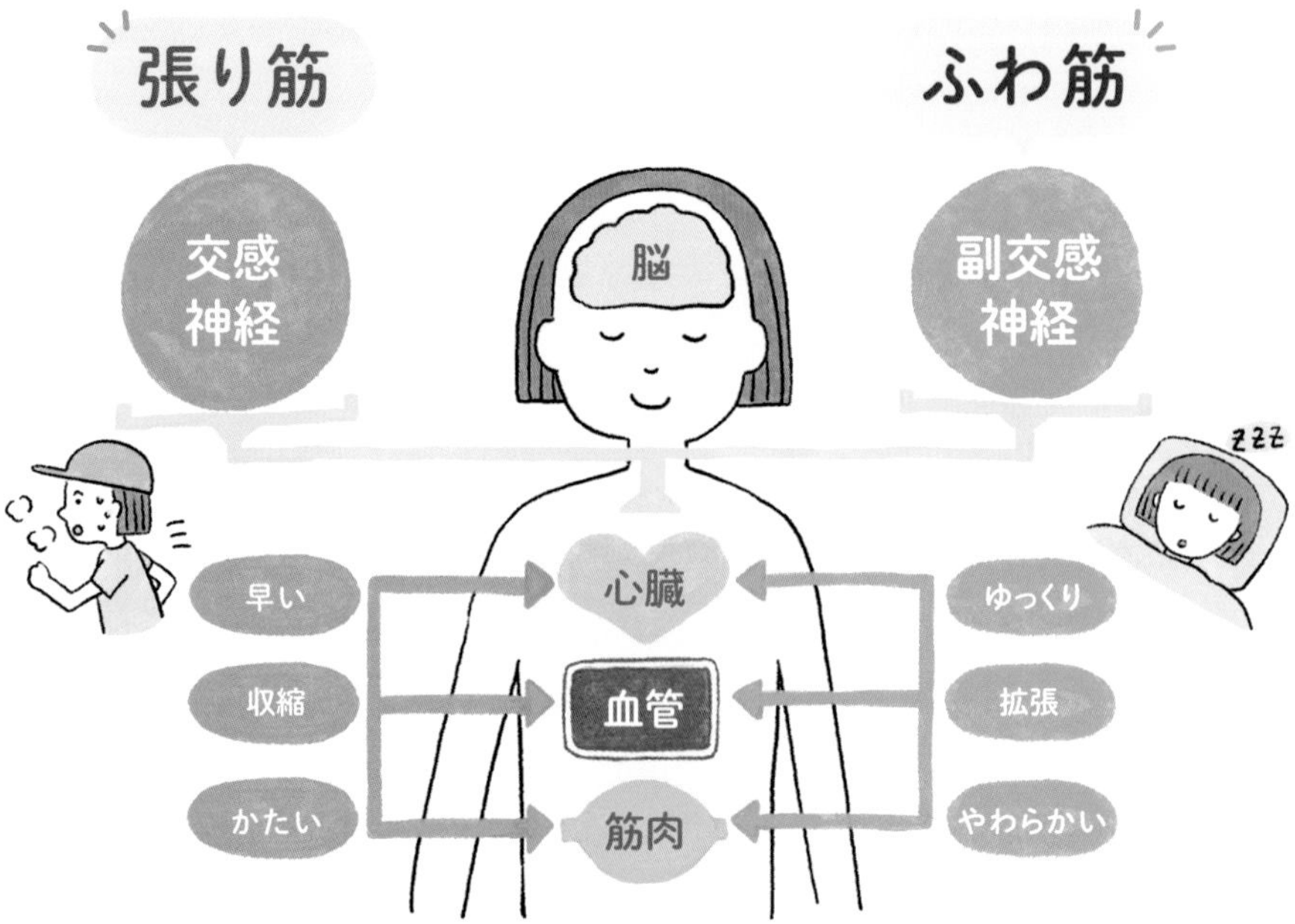
張り筋
ふわ筋
交感神経
副交感神経
脳
zzz
早い
心臓
ゆっくり
収縮
血管
拡張
かたい
筋肉
やわらかい

自律神経が整うとふわ筋が持続

自律神経は脳の視床下部が司り、交感神経と副交感神経の2種類があります。交感神経は体を活動モードにするアクセルのような存在で、副交感神経は体をリラックスさせるブレーキのような存在です。2つのバランスが保たれることで心と体が安定します。

しかし、忙しい毎日を送っていると交感神経ばかりが過度に働き、情緒不安定になったり倦怠感などの不調が起こります。「張り筋はがし」には副交感神経を活発にする働きがあるので、眠っている間に自律神経が整います。

自律神経はバランスが大切
夜リセットすると整いやすくなる

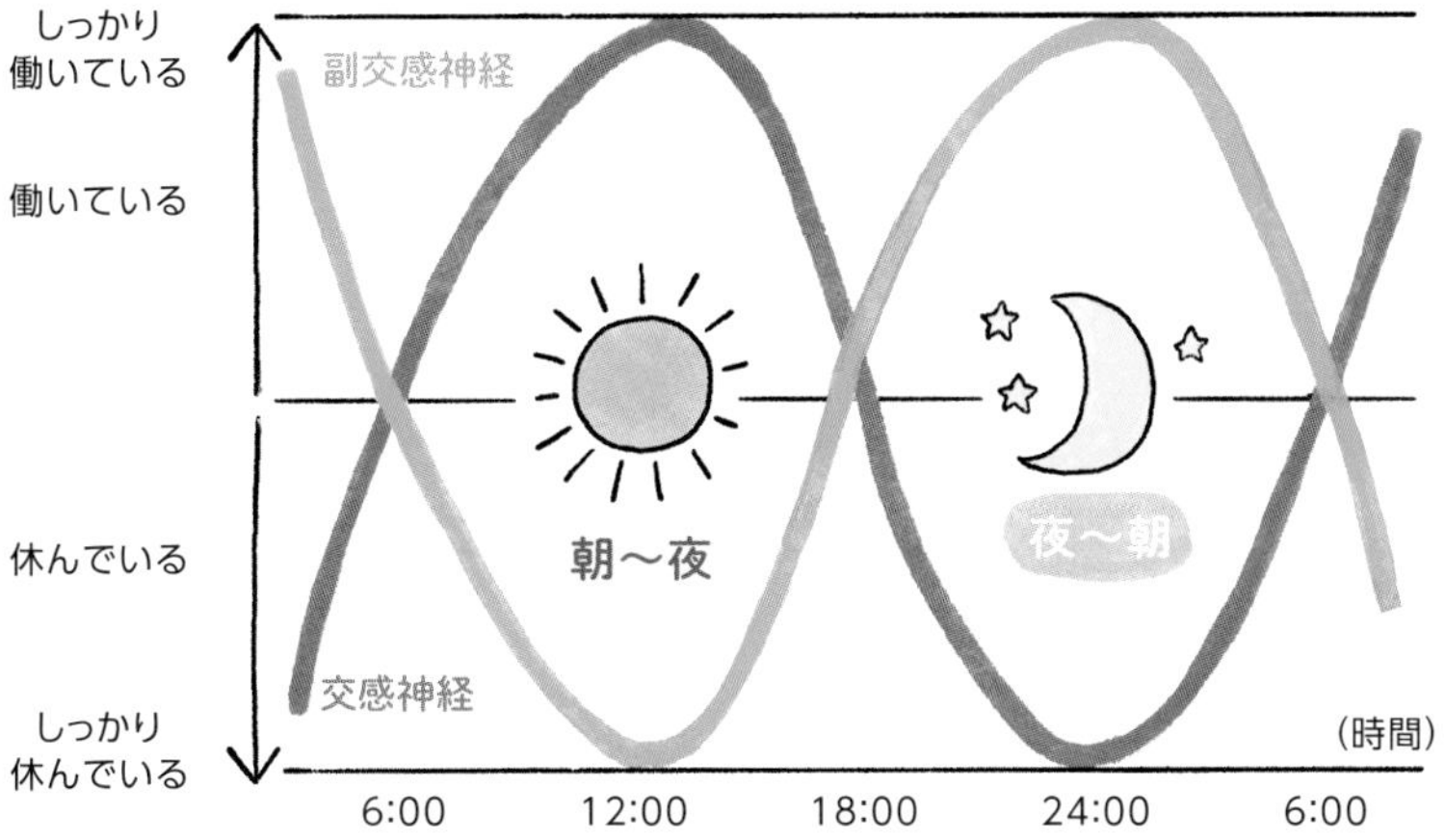

目覚めがスッキリすると スムーズに交感神経に 切り替えられる

副交感神経が働いて十分な睡眠がとれると、朝目覚めたときに交感神経に心地よく切り替わります。1日を元気に始められるので、日中の活動のパフォーマンスが上がり、集中力もアップ。

張り筋はがしを 眠る前にすることで 副交感神経を活性化

張り筋はがしで筋肉がほぐれると、血液が脳にまで届き、副交感神経に切り替わって体が十分にリラックスできます。心も穏やかになり、1日の疲れがしっかりととれます。

- 緊張し活動的
- エネルギーを使う
- ストレスと戦う

バランス

- リラックス
- 心が平穏になる
- エネルギーを蓄える

ふわ筋になることで体と心が整う

睡眠の質がアップ！
翌朝の体が変わる

日中
イライラ
しにくい

途中で
起きることが
ない

体が
リラックス
できる

前の日の
疲れを
引きずらない

深い睡眠とは……

眠りに
入りやすい

肌・髪が
イキイキ

張り筋がほぐれると こんなに深く眠れる

睡眠の質というのは、ただ眠るだけでなく、睡眠のリズムが整い、日中の生活や体内リズムも整うことを意味します。

心身にストレスがあったり、寝る直前までスマホやテレビを見ていると交感神経が優位になり、なかなか副交感神経に切り替わらず、途中で起きたり、目覚めたときに疲れが残っていたりと睡眠の質が低下します。しかし、張り筋はがしを行うことで体が十分にリラックスし、深く眠れるようになります。これは、美容にも健康にもよい働きかけをし、続けることでキレイが持続します。

張り筋はがしの睡眠効果

体の機能が正常化して疲れがとれる

筋肉だけでなく、脳や内臓の働きが正常化することで、便秘や胃痛などの不調が改善。また、疲労回復も十分にされます。

副交感神経を優位にし、リラックスできる

副交感神経がしっかりと働き、体の緊張が抜け筋肉がゆるみやすくなります。心身のストレスも緩和されます。

緊張がゆるみ血液がしっかりめぐる

筋肉の張りがとれることで血液循環がよくなり、酸素と栄養が全身へ。横になっているので上半身へのめぐりもよくなります。

よい睡眠がずっと続く！

睡眠中に体の機能が整い、回復することで、日中の活動のパフォーマンスも向上。夜に眠気が起こり、よいサイクルに。

COLUMN

実は毎日のこんな動きでも張り筋になるんです！

筋肉の張りは、突発的に起こるものではなく、日々の生活習慣や以前からの動作のクセなどが積み重なった結果です。さらに、長時間デスクワークをしていたり、運動不足だったり、車やエレベーターばかり使っていたりと、筋肉をほとんど動かさないことも張る原因です。

また、服装にも注意が必要です。薄着で体を冷やしたり、スキニーパンツなどで体を締めつけたり、ヒール靴で不安定な歩き方になったりすることも、筋肉の緊張を招いてしまうのです。

とくに、長年姿勢や歩き方が悪く、骨盤がゆがんでいると、筋肉の緊張がより強くなっていきます。毎晩、張り筋はがしを行って、少しずつほぐしていきましょう。

重い荷物を持ってしまう

買い物でたくさんの荷物を持ったり、片方の肩にばかりバッグをかけると、体に力が入り筋肉が張ります。

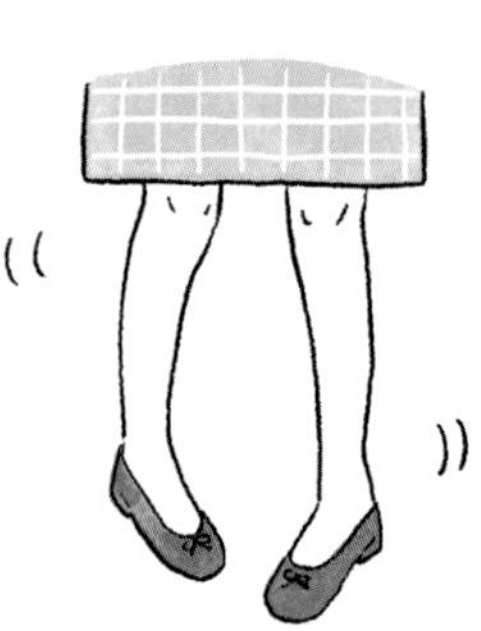

内股など歩き方にクセがある

内股の原因は張り筋。太ももの外側の筋肉が張り、内転筋が弱っている状態。自然と足が内側に向きます。張り筋はがしで改善を目指して。

PART 2

押して、さするだけ！

寝る前5分の張り筋はがし

さっそく「張り筋はがし」をやっていきましょう。一日の終わりにガチガチにかたまった筋肉をほぐし、リンパや血液を全身にめぐらせます。準備するものはとくになく、手順もかんたんですので今夜からでもスタートできます。

張り筋はがしの流れ

まずは順番を確認しながらやってみましょう。慣れてくると、5分程度で、できるようになります。

基本の流れ

準備

**水を1杯飲み、
ベッドや布団の上で行います。**

張り筋はがしの前に

鎖骨の深部リンパ節開放

リンパの一番集中する鎖骨を圧迫し、出口を開いて、老廃物を流れやすくしておきます。

張り筋はがし

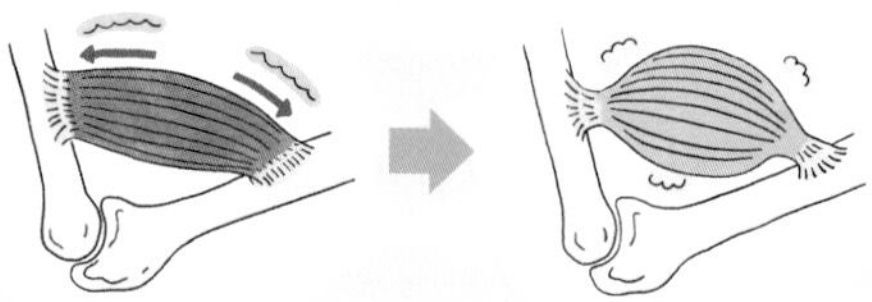

張っている筋肉をはがしてゆるめる

筋肉の端を押してさすり、骨膜からはがしていきます。足から顔へと下から上へ順番に行います。

張り筋はがしのあとに

全身をゆるめる

最後に呼吸を落ち着かせ、自律神経を整えて深い眠りに入りやすくします。

あとは眠るだけ!

眠っている間に、筋肉がしっかりゆるんで血液の循環がよくなります。老廃物が流れて脂肪が燃焼し、かってに体がやせていきます。

張り筋はがしの順番

1 筋肉の始まりと終わりを圧迫

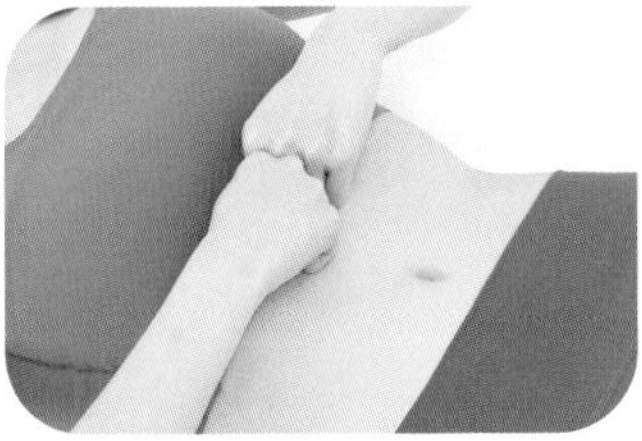

筋肉の端の集まるところを軽く押し、骨膜から腱をはがすイメージで。

2 握った手でさする

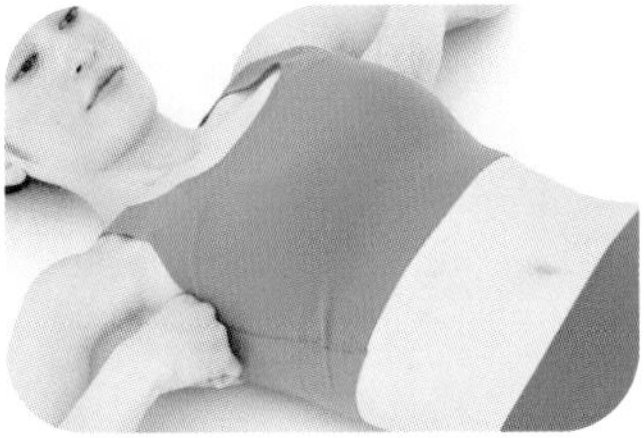

筋肉の流れに沿ってさすり、老廃物が流れるように促します。

この動きを全身に行う

1 足裏

足の裏と足の甲を刺激します。

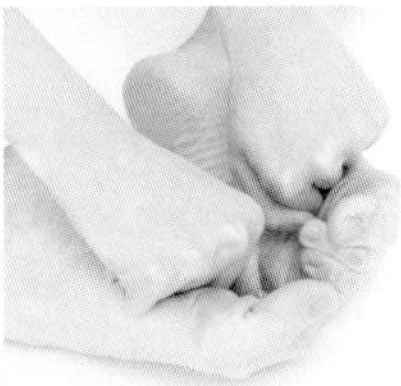

2 足下

ふくらはぎにある筋肉を集中的にケア。

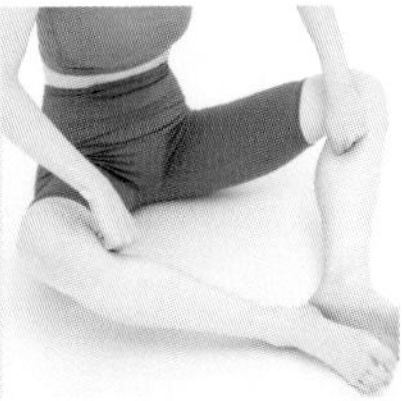

3 太もも

太ももの大きな筋肉の緊張をとります。

4 股関節まわり

足のつけ根に集まる筋肉をほぐします。

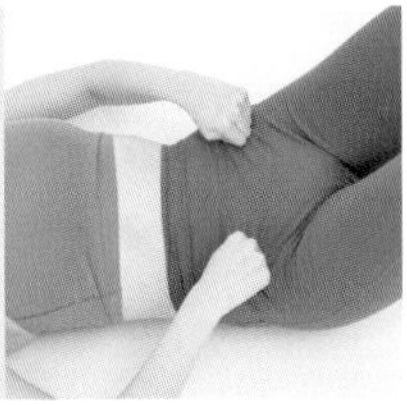

5 ウエスト

骨盤まわりに集まる筋肉にアプローチ。

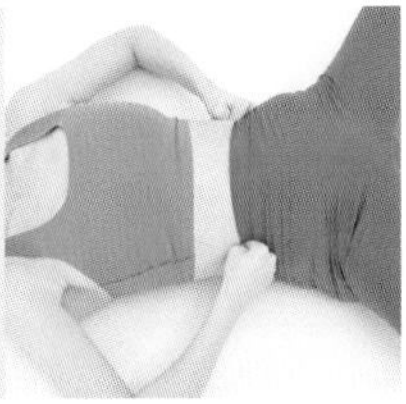

6 胸

呼吸の補助をする筋肉の張りをとります。

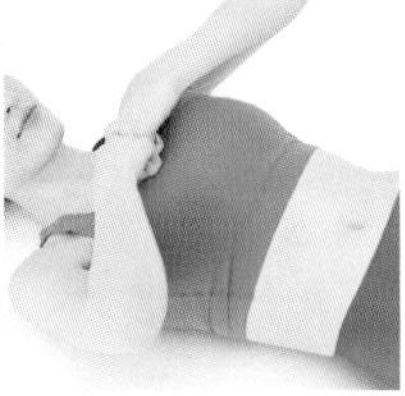

7 腕と首下

ろっ骨や鎖骨とつながる筋肉全体を刺激。

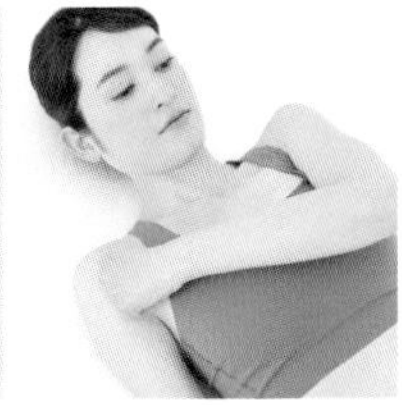

8 顔まわり

自律神経につながる背中の筋肉を刺激します。

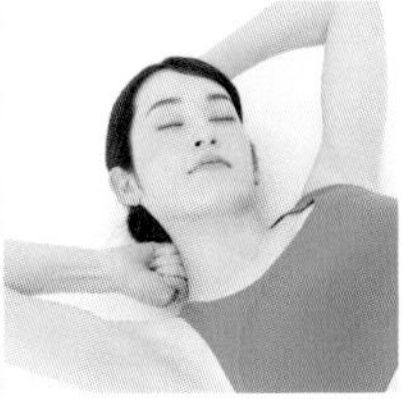

張り筋はがしのポイント

張り筋はがしの効果を高めるために意識したいことや、注意したいことをまとめました。

1 「筋肉の端」を意識しながら行いましょう

27ページで紹介した通り、全身の関節近くに筋肉の端が集まっています。それぞれの筋肉の端の腱を意識しながら骨膜から腱をはがすようなイメージで圧迫します。押したときに指が骨のかたさを感じるとよいでしょう。

2 手の強さを変えながら行います

手は終始、軽く握った状態で行います。筋肉の端である骨のキワを圧迫するときには「少し痛い」くらいにします。さするときにはやわらかくなでるようにするのが効果的です。

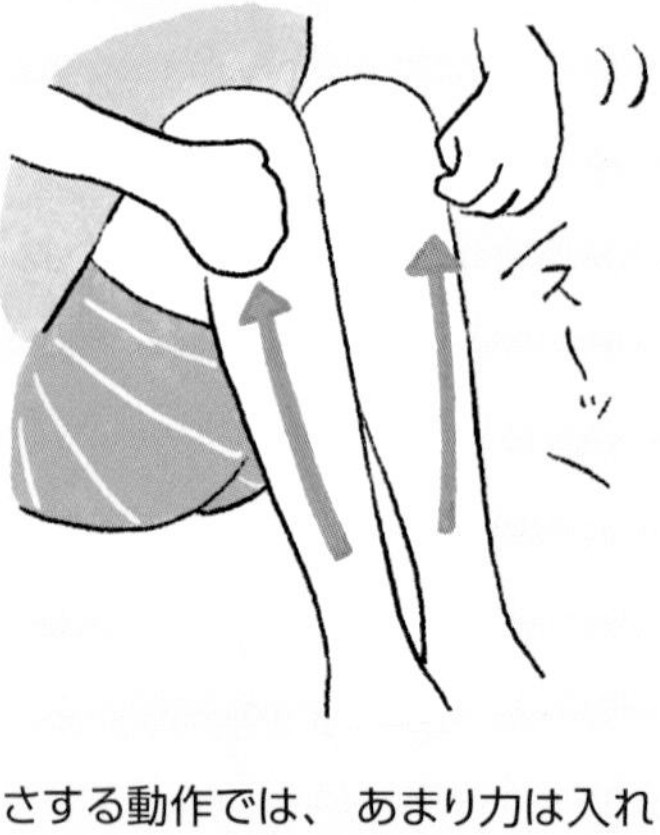

さする動作では、あまり力は入れず、スーッと流すようなイメージで皮膚を触るようにしましょう。

3 ストレッチや筋トレなどを組み合わせない

「張り筋はがし」は圧迫とさする動作が基本です。ほどよく筋肉の緊張をとり、眠りにつきやすいエクササイズに考案されています。物足りないからと、筋トレやほかのストレッチを足すと、体が活発になりすぎて入眠しにくくなるので、「張り筋はがし」のあとに組み合わせないようにしてください。ストレッチをする場合は、日中に行いましょう。

4 体調やタイミングが悪ければやめる

こんな人は行えません

- ✖ 妊娠中
- ✖ 熱がある
- ✖ 風邪をひいている
- ✖ 痛みを伴う外傷がある
- ✖ 胃腸の調子が悪い
- ✖ 悪性腫瘍がある

注意

- ●張り筋はがしを行っている最中に気分が悪くなったときはすぐに中止してください。
- ●張り筋はがしの効果は個人差があることをあらかじめご了承ください。

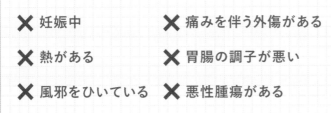

張り筋はがしの前に

張り筋がはがれやすく&老廃物が流れやすく
鎖骨の深部リンパ節開放

鎖骨のリンパ節は全身のリンパの通り道。最初にここを開放し「張り筋はがし」をすると、老廃物が体外へ排出しやすくなります。

グーッ
グーッ
グーッ
鎖骨に向かって
下向きに
圧をかける
3か所
各3秒

1

両手を軽く握り、首の前側（あご下、首の中央、首のつけ根）を押す。

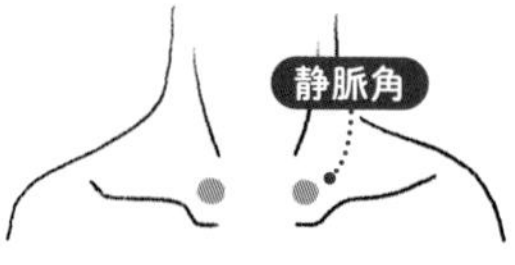
静脈角

刺激する場所

鎖骨の奥にある静脈角を刺激します。圧迫してからさすることで深部リンパ節が開放され、全身のリンパの流れがよくなり、運動効果が高まります。

鎖骨を
浮かせるように
グッと押す
5回

手の形

2

指3本を鎖骨の骨のキワに置き、垂直に押す。

鎖骨に
向かって
老廃物を流す
左右
5回

3

耳の下から鎖骨に向かって4本指でさする。

鎖骨のくぼみの奥にある静脈角が最終的な老廃物の出口。張り筋はがしの前に開放しておきます。

張り筋はがし

1

足裏の張り筋はがし

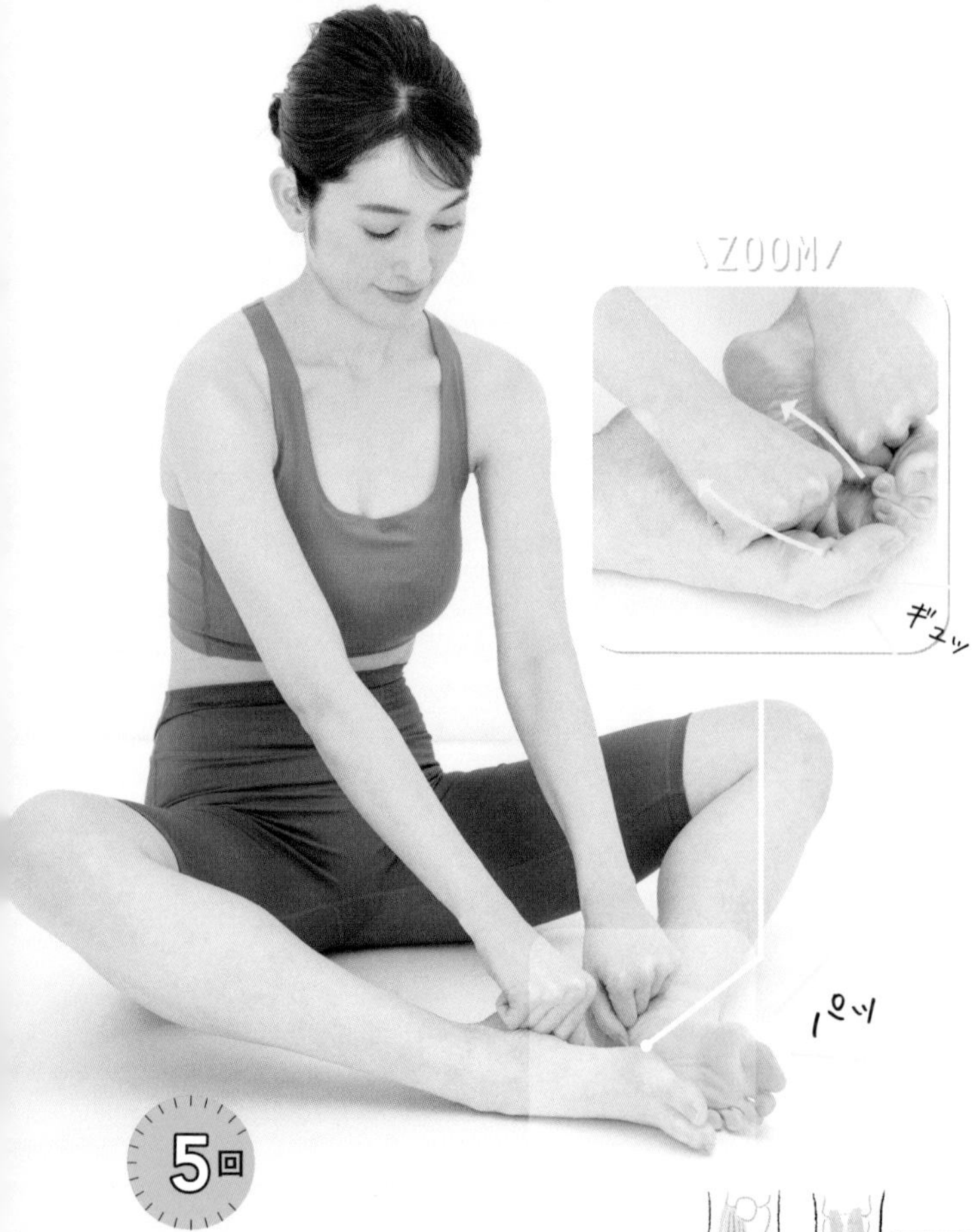

5回

1

両手を軽く握り、足の裏を圧迫するようにさすり、同時に足指を曲げ伸ばしする。

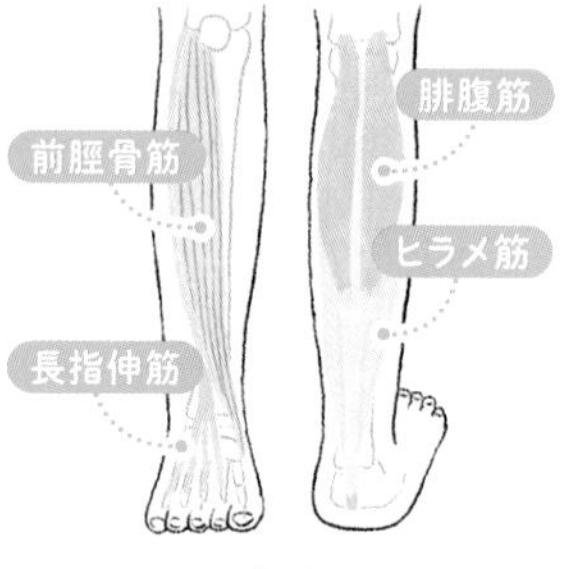

この筋肉をはがす

日常生活で老廃物がたまりやすい、 ふくらはぎの2つの筋肉、下《か》腿《たい》三《さん》頭《とう》筋《きん》(ヒラメ筋、腓《ひ》腹《ふく》筋《きん》)と、ひざ下にある長《ちょう》指《し》伸《しん》筋《きん》と前《ぜん》脛《けい》骨《こつ》筋《きん》を刺激することができます。

足裏と足の甲に筋肉の端が集中しています。張り筋をはがすことで足のむくみがとれ、足指が動きやすくなり、代謝がアップします。

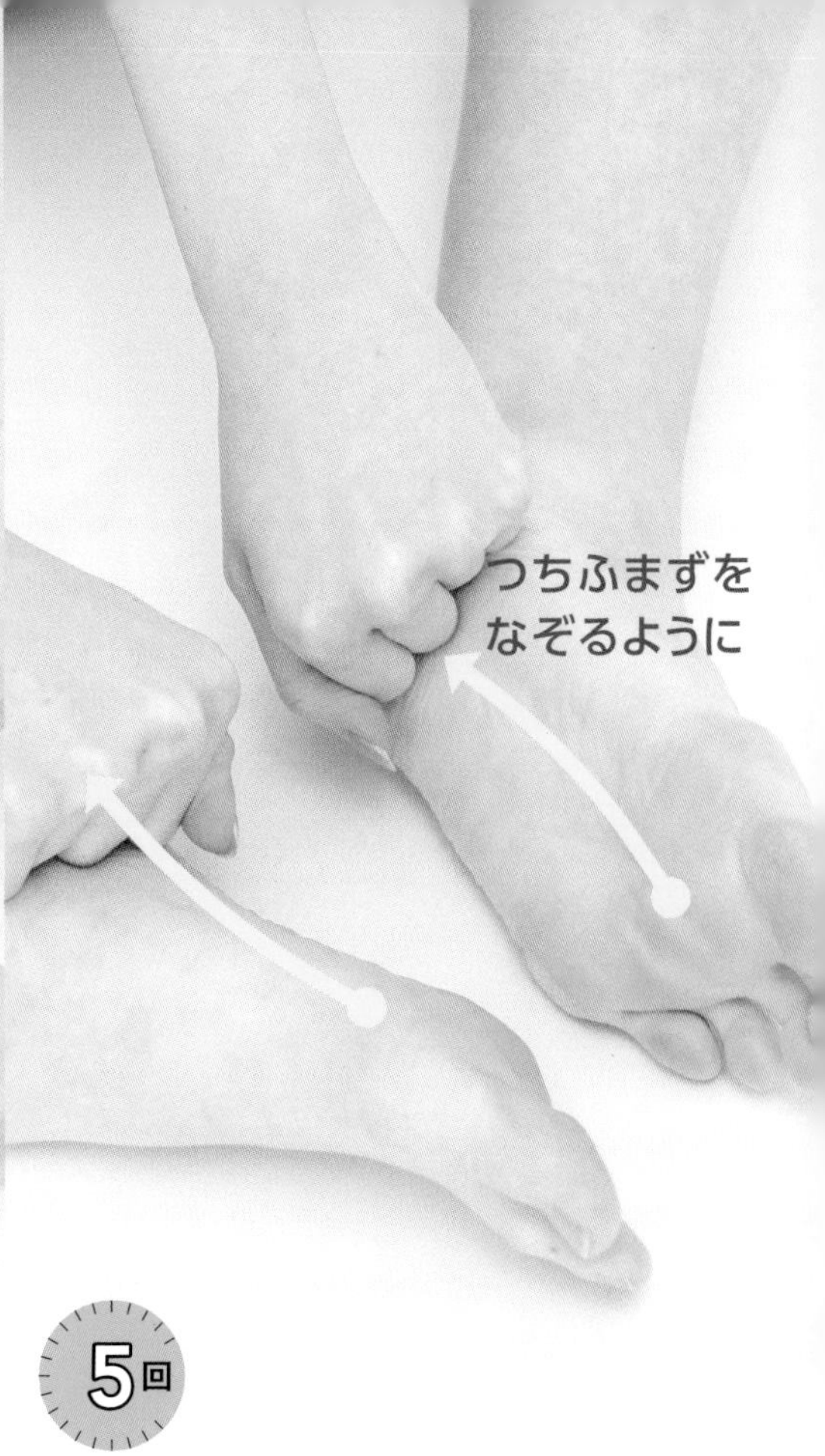
つちふまずを
なぞるように
5回

2
**足の裏の指の
つけ根から、かかとまでを
握った手でさする。**

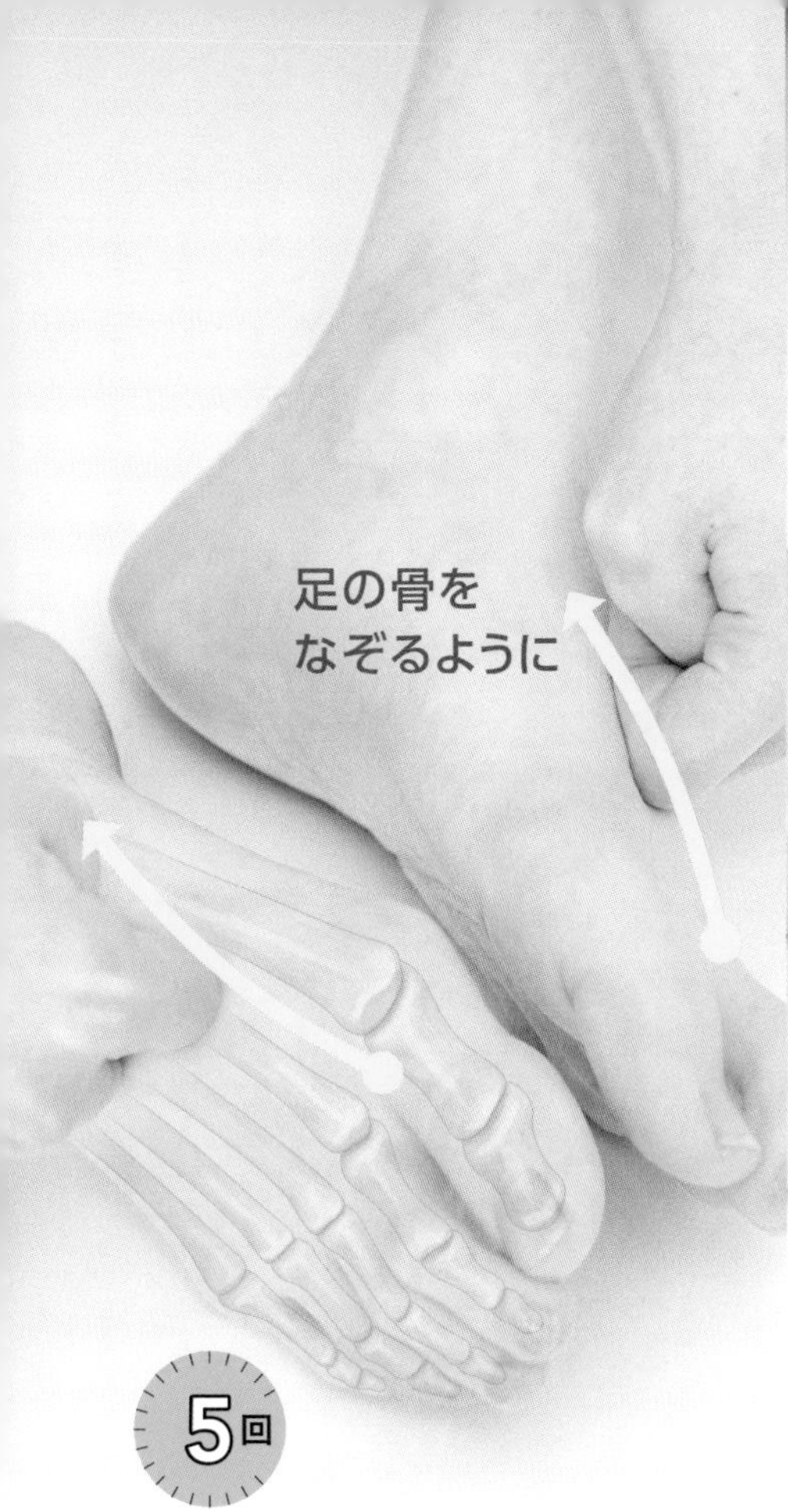
足の骨を
なぞるように
5回

3
**足の甲の指の
つけ根から足首までを
さする。**

筋肉のつけ根を
圧迫して
はがします！

張り筋はがし
2

足下の張り筋はがし

指先で
ひざ裏を押す
5cmくらい
上げ下げ

左右
各5回

1

**片足のひざを
立てて座り、
ひざ裏を両手で持つ。
足を上げ下げする。**

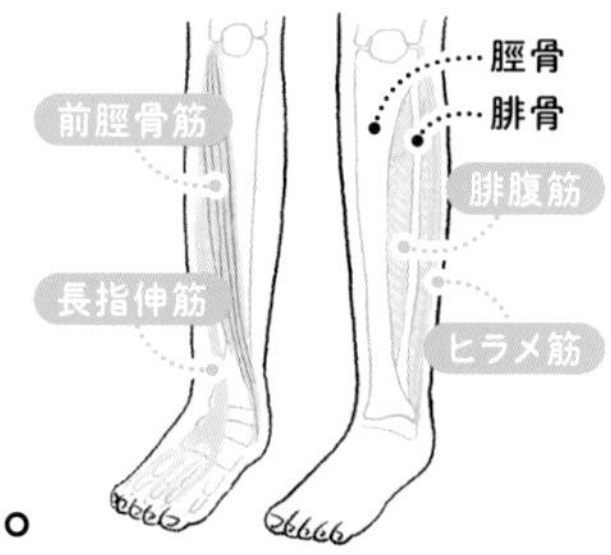
脛骨
腓骨
前脛骨筋
腓腹筋
長指伸筋
ヒラメ筋

この筋肉をはがす

ひざ下の前側にある前《ぜん》脛《けい》骨《こつ》筋《きん》と長《ちょう》指《し》伸《しん》筋《きん》、ふくらはぎにある腓《ひ》腹《ふく》筋《きん》、ヒラメ筋を刺激すると血液がめぐり、足の冷え防止にも効果的。

ひざ裏は、坐骨からふくらはぎにかけてと、ひざから足先へとつながる筋肉の端が集中する場所。刺激することで足全体がスッキリします。

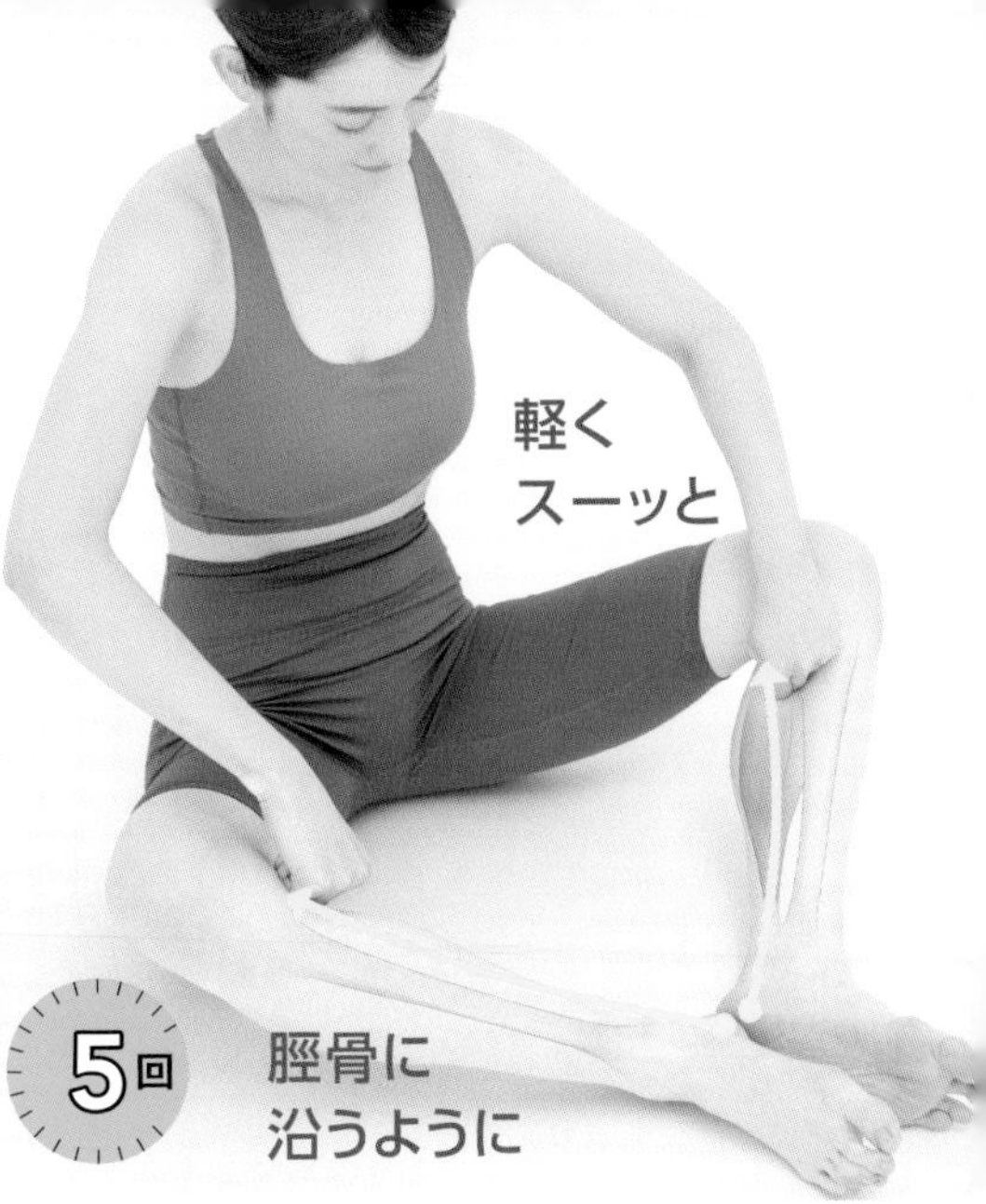
軽く
スーッと
5回
脛骨に
沿うように

2

**足の裏を合わせて座り、
かかとからひざ裏まで、
握った手でさする。**

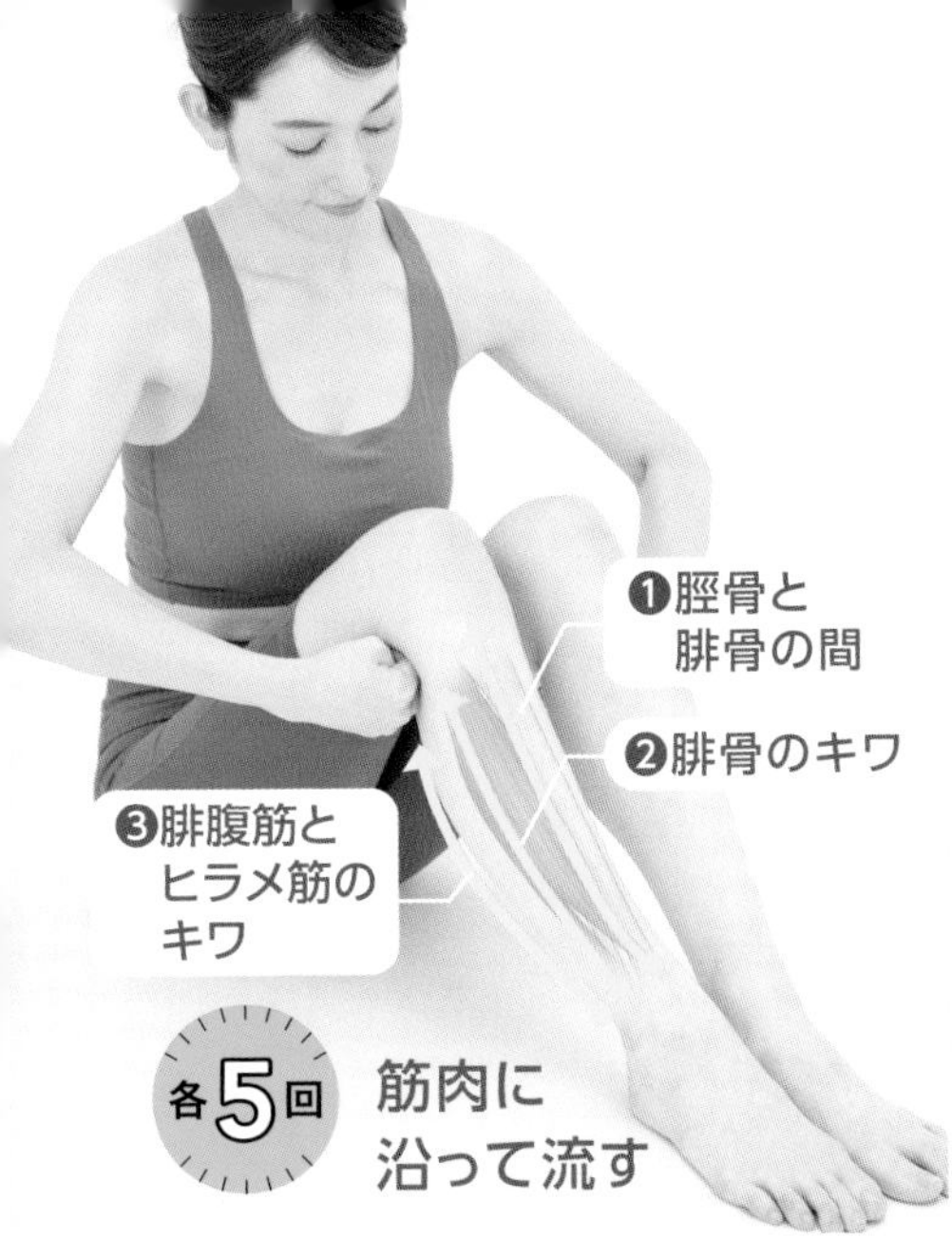
❶脛骨と
腓骨の間
❷腓骨のキワ
❸腓腹筋と
ヒラメ筋の
キワ
各5回
筋肉に
沿って流す

3

**ひざを立てて座り、
足首からひざ下までを、
握った手で3か所さする。**

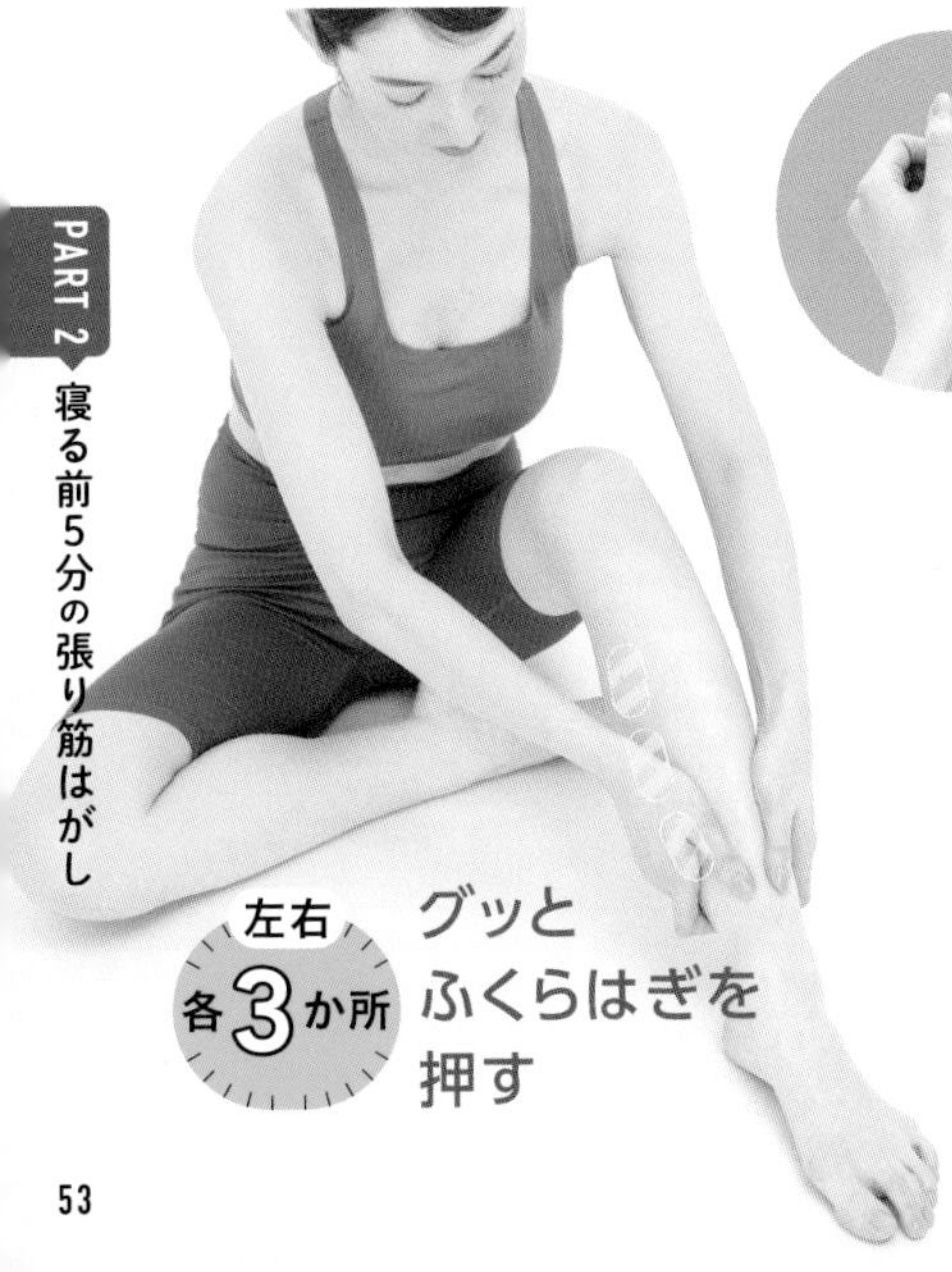
左右
各3か所
グッと
ふくらはぎを
押す

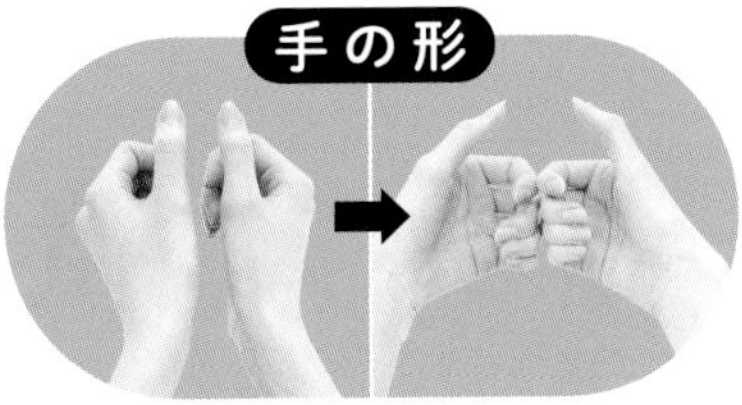
手の形

4

**まんじゅうを
割るような
手つきで、
ふくらはぎを
もむ。**

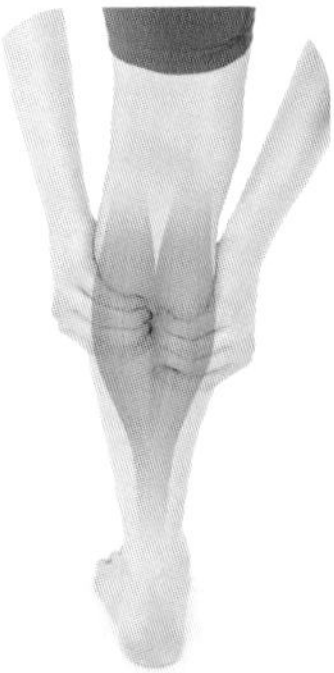

腓腹筋《ひふくきん》は内側と外側があり左右に分かれているので、両手でまとめてはがします。

張り筋はがし 3

太ももの張り筋はがし

脂肪がつきやすい太ももの張り筋をはがし、太ももに隙間をつくります。ひざ上を押すことでたるみがちなひざ小僧がキレイになる効果も。

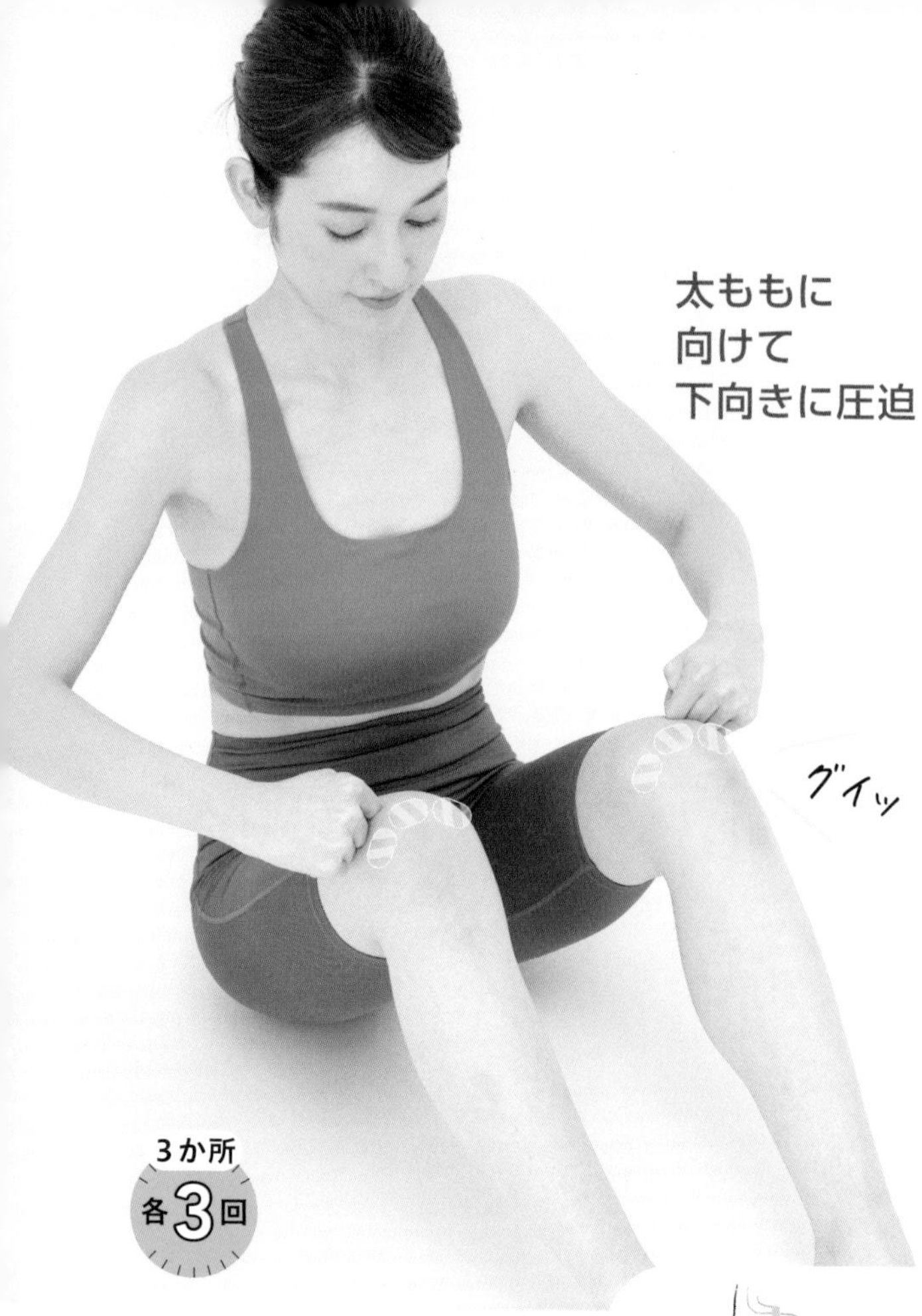
太ももに
向けて
下向きに圧迫
グイッ

3か所
各3回

1

ひざを立てて座り、握った手でひざの皿の骨のキワを3か所押す。

大腿四頭筋

この筋肉をはがす

太ももにある大《だい》腿《たい》四《し》頭《とう》筋《きん》を刺激します。大きな筋肉なのでこの筋肉のポンプ作用が正常化すると全身に血液がめぐりやすくなります。

足の
つけ根まで
さする
グーッと
3回

2

**太ももの内側を
握った手でさする。**

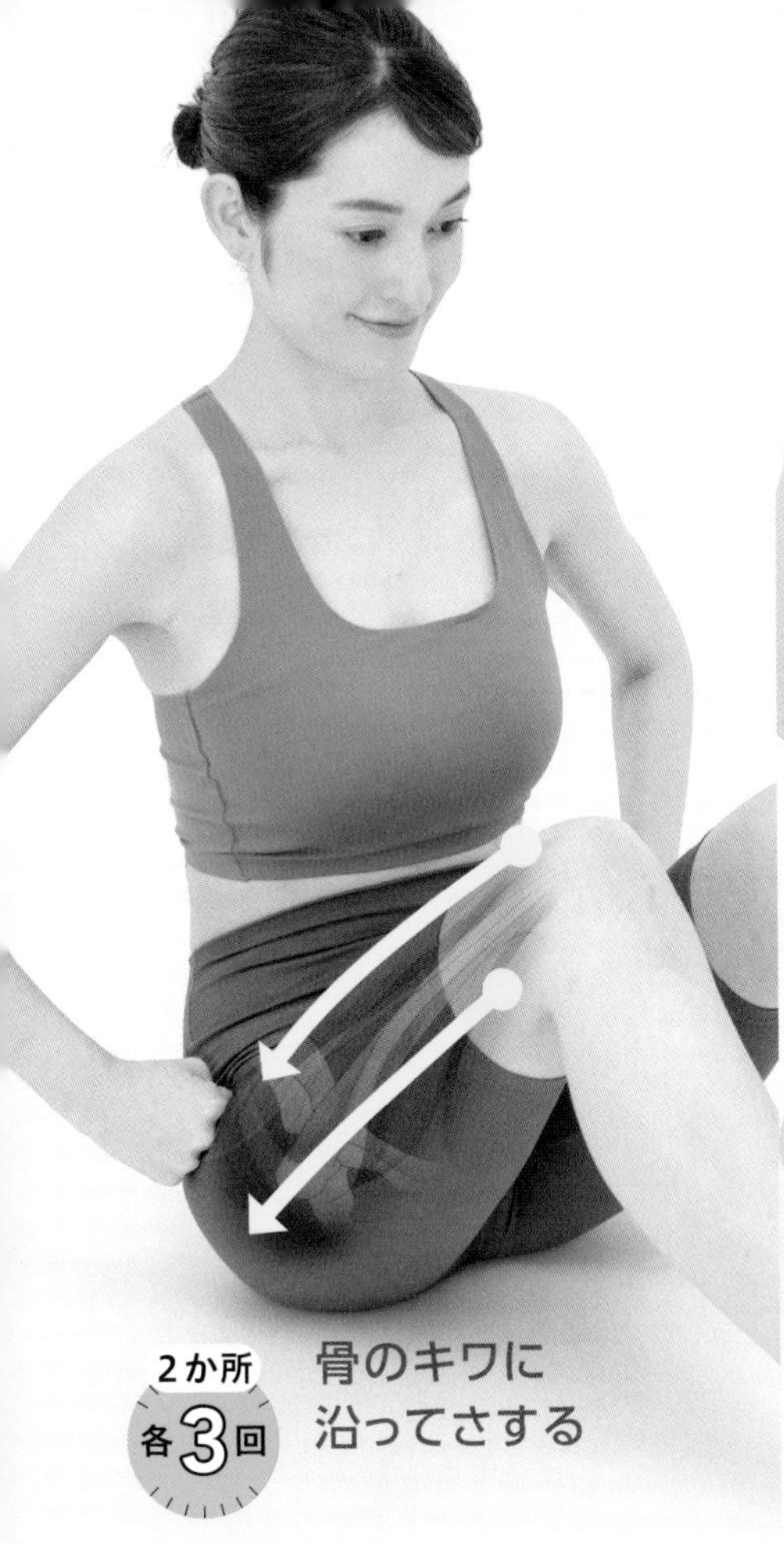
骨のキワに
沿ってさする
2か所
各3回

3

**太ももの中央と外側を
握った手でさする。**

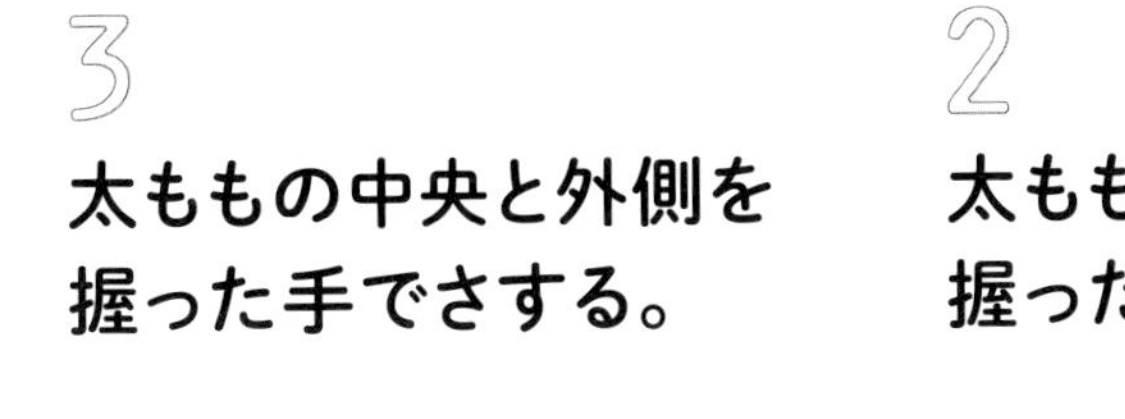
大腿四頭筋が
はがれると足が軽くなり、
階段の上り下りが
ラクになります。

張り筋はがし 4

股関節まわりの張り筋はがし

足のつけ根（そけい部）には、体幹に関わる筋肉が集中しています。ここをはがすことで、体のゆがみが解消され、運動機能もアップします。

この筋肉をはがす

大腿直筋《だいたいちょくきん》、腸腰筋《ちょうようきん》、そけい靭帯《じんたい》を刺激して張り筋をはがします。おなかの深い筋肉に刺激を与えるのでぽっこり下腹がスッキリ。

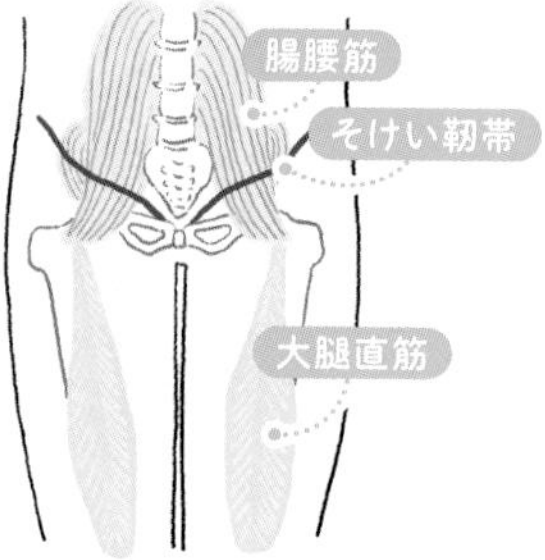

1

ひざを立てて仰向けになり、足のつけ根を軽く握った手で押しながら、足を交互に上げ下げする。

2

足のつけ根に沿って握った手でグリグリとさする。

腸腰筋の張りもほぐれ、腰痛の改善に効果的です。生理痛やPMSなど婦人科系の不調にも効きます。

足のつけ根を
圧迫しながら
足ぶみ

10回

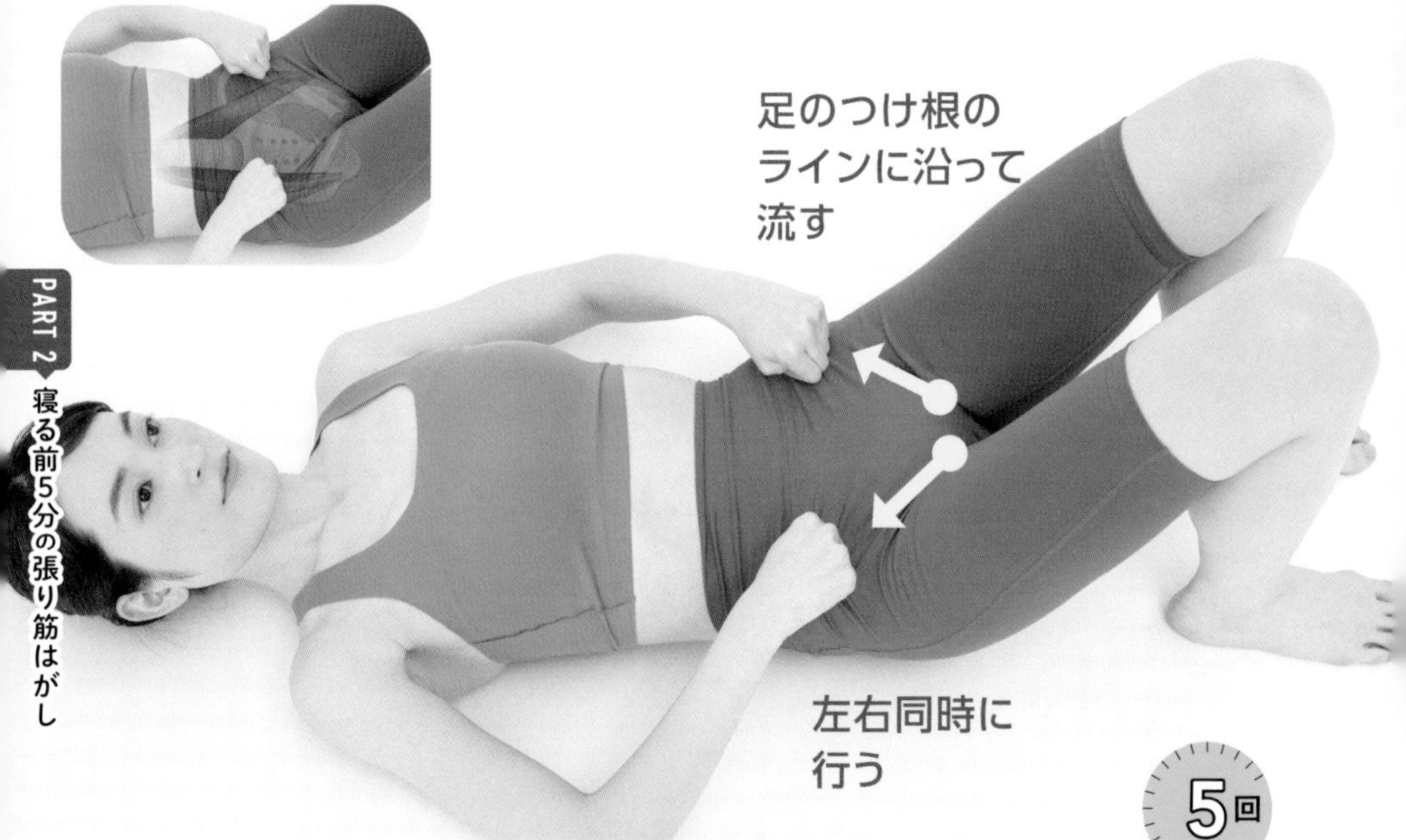

足のつけ根の
ラインに沿って
流す

左右同時に
行う

5回

張り筋はがし 5

ウエストの張り筋はがし

骨盤まわりの筋肉が張ると、おなかに脂肪がたまります。はがして脂肪が燃焼すると下腹が凹み、ウエストにくびれができます。

この筋肉をはがす

腹斜筋《ふくしゃきん》や腹横筋《ふくおうきん》、腸腰筋《ちょうようきん》を刺激して緊張をとります。筋肉がゆるむと骨盤のゆがみがとれ、姿勢がよくなる効果もあります。

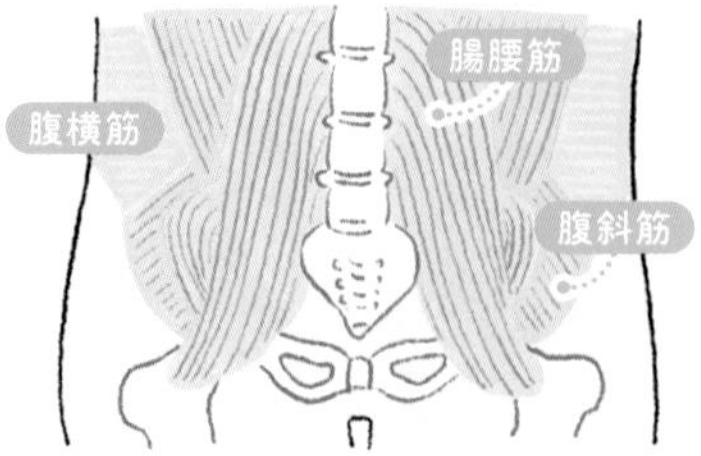
腸腰筋
腹横筋
腹斜筋

1

**ひざを立てて仰向けになり、
軽く握った手を腰の骨のキワに
入れるように押し、
足を開いて閉じるのをくり返す。**

2

次に足を左右に倒す。

滞りがちな
おなかまわりの
老廃物が流れます。

骨盤の
上のほうを
圧迫
パカパカ
グッ
5回

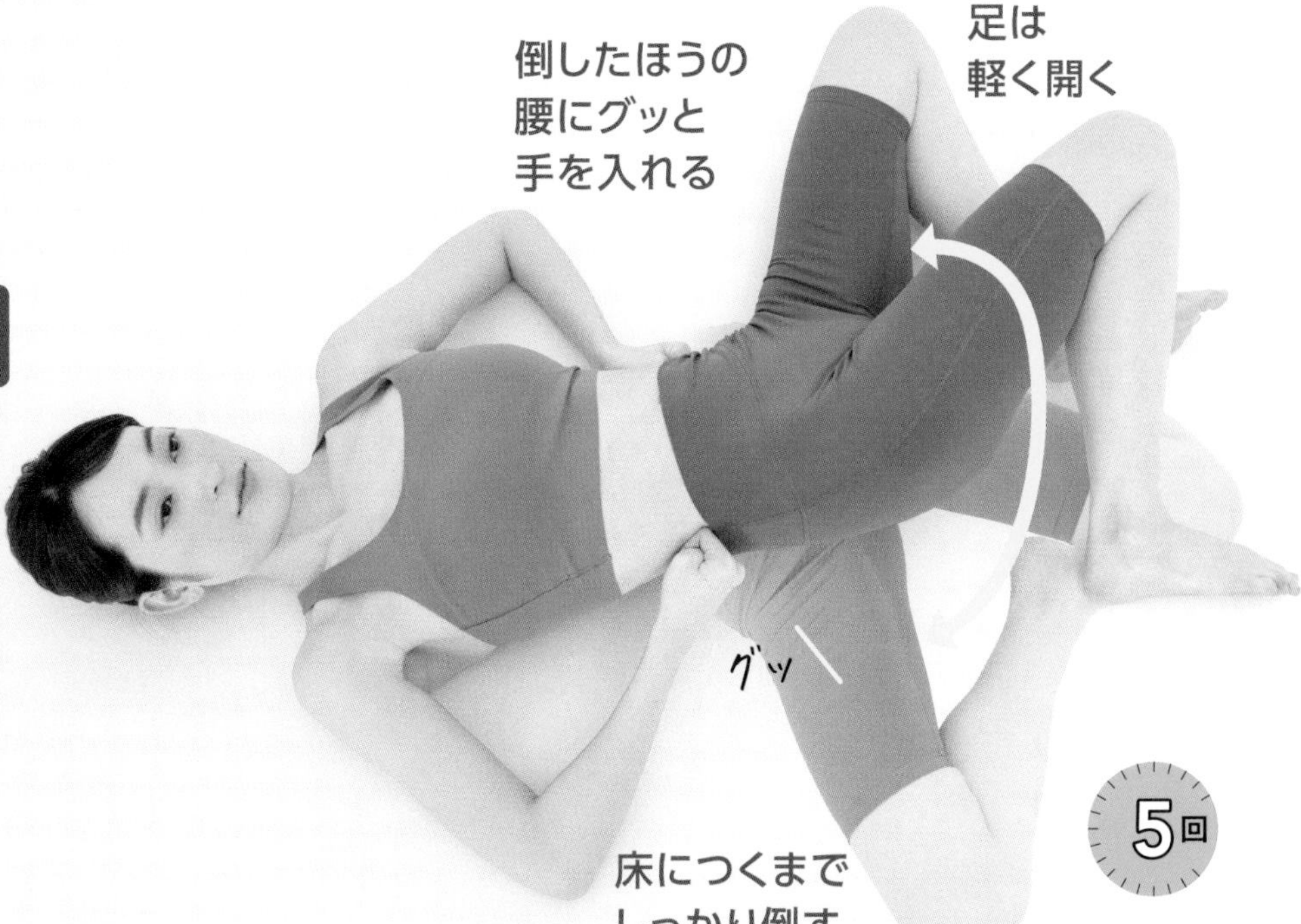
倒したほうの
腰にグッと
手を入れる
足は
軽く開く
グッ
5回
床につくまで
しっかり倒す

張り筋はがし 6

胸の張り筋はがし

胸まわりの張り筋をはがすと、呼吸がしやすく、酸素をとり込みやすくなり代謝がアップ。バストアップや脇のぜい肉解消にもなります。

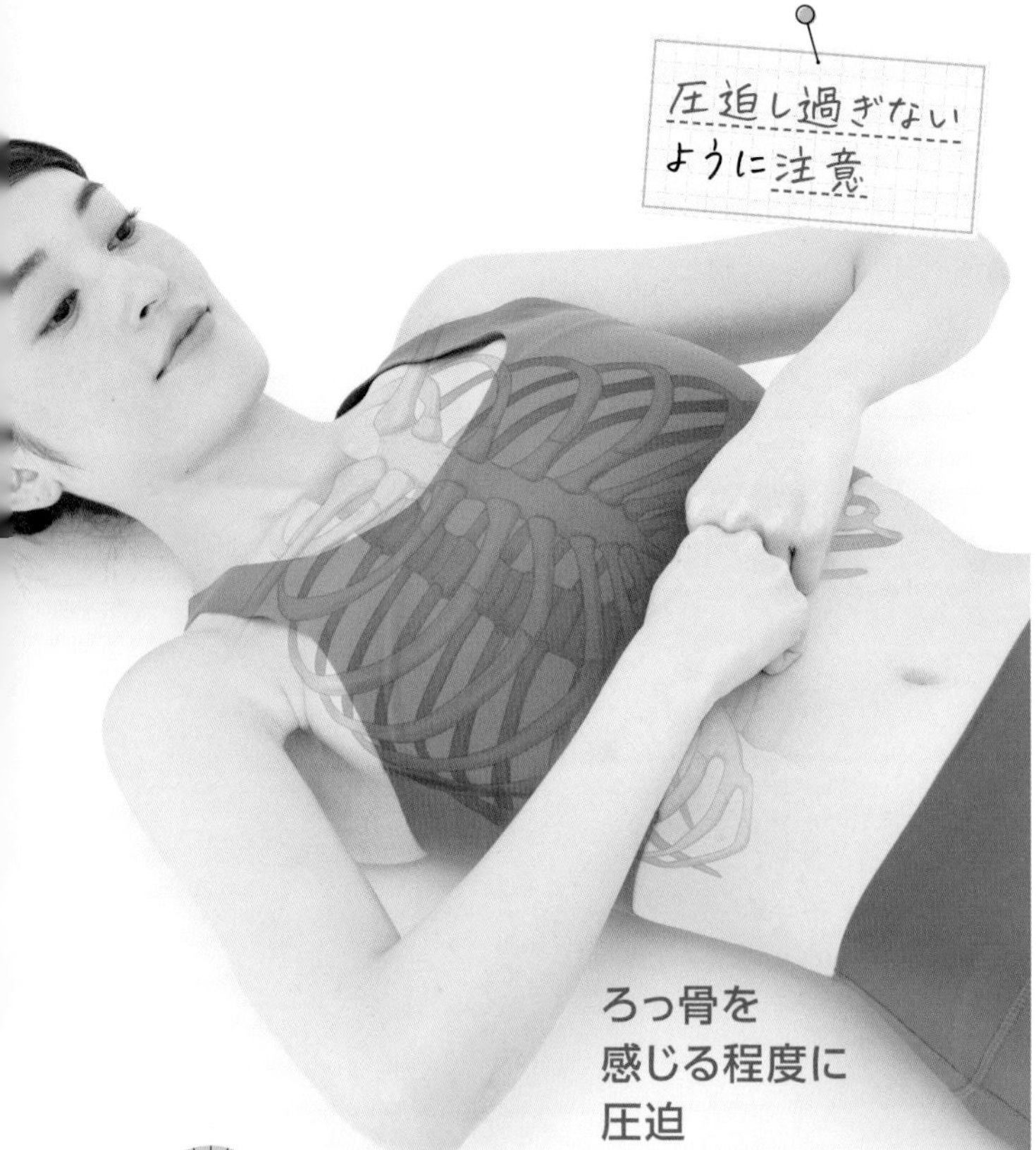

圧迫し過ぎないように注意
ろっ骨を感じる程度に圧迫

5秒

1

みぞおちに握った両手を当てて軽く押す。

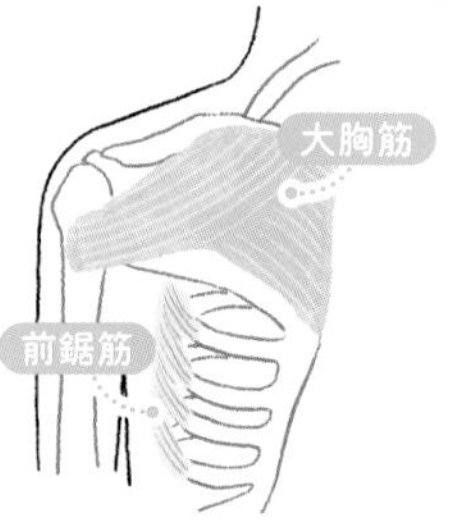

大胸筋
前鋸筋

この筋肉をはがす

大胸筋や外側にある前《ぜん》鋸《きょ》筋《きん》はろっ骨を覆うようについています。ここの張り筋がはがれると肩こりの改善にもなります。

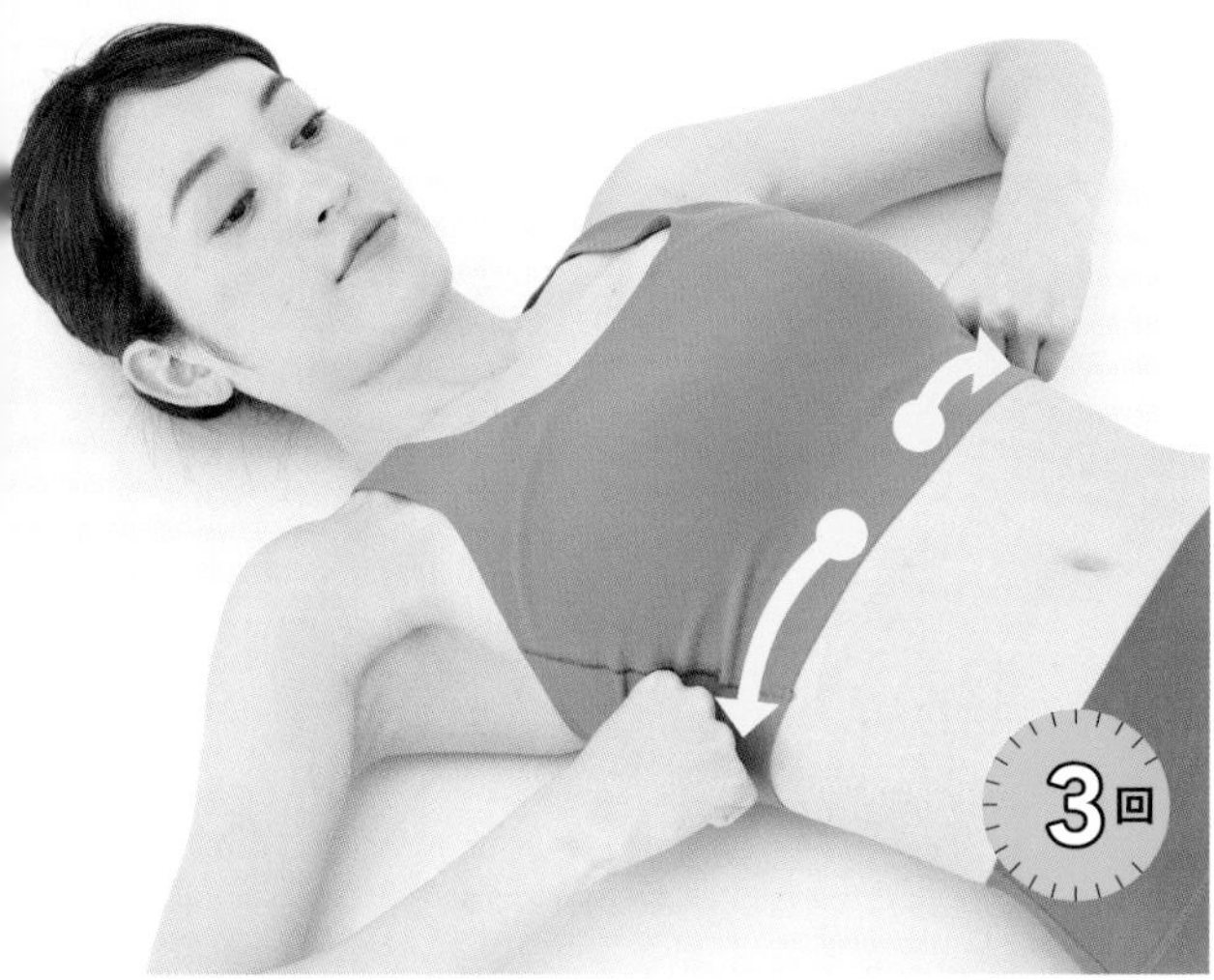
3回

2

みぞおちから
体の側面へさする。

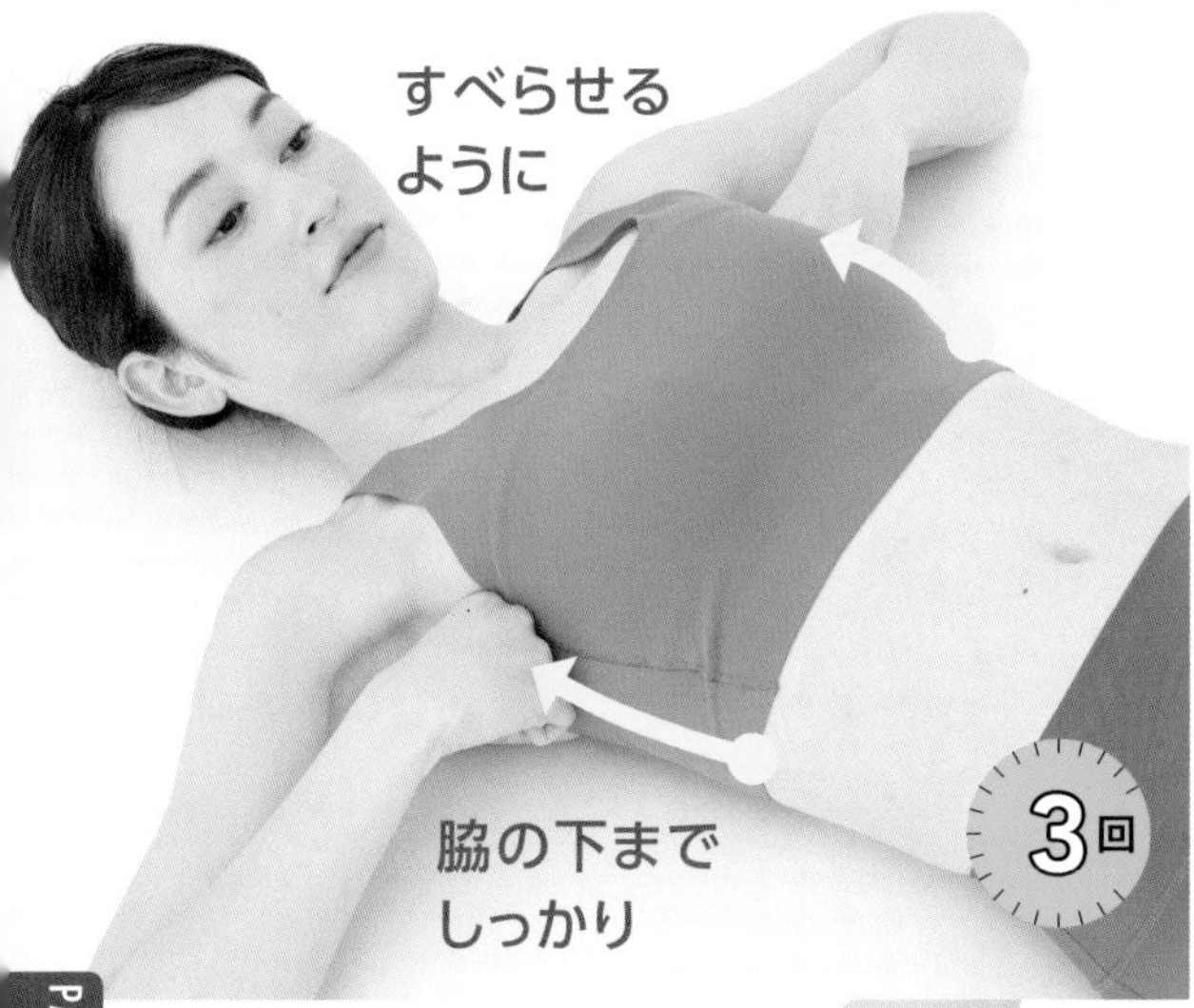
すべらせる
ように
脇の下まで
しっかり
3回

3

そのまま
脇までさする。

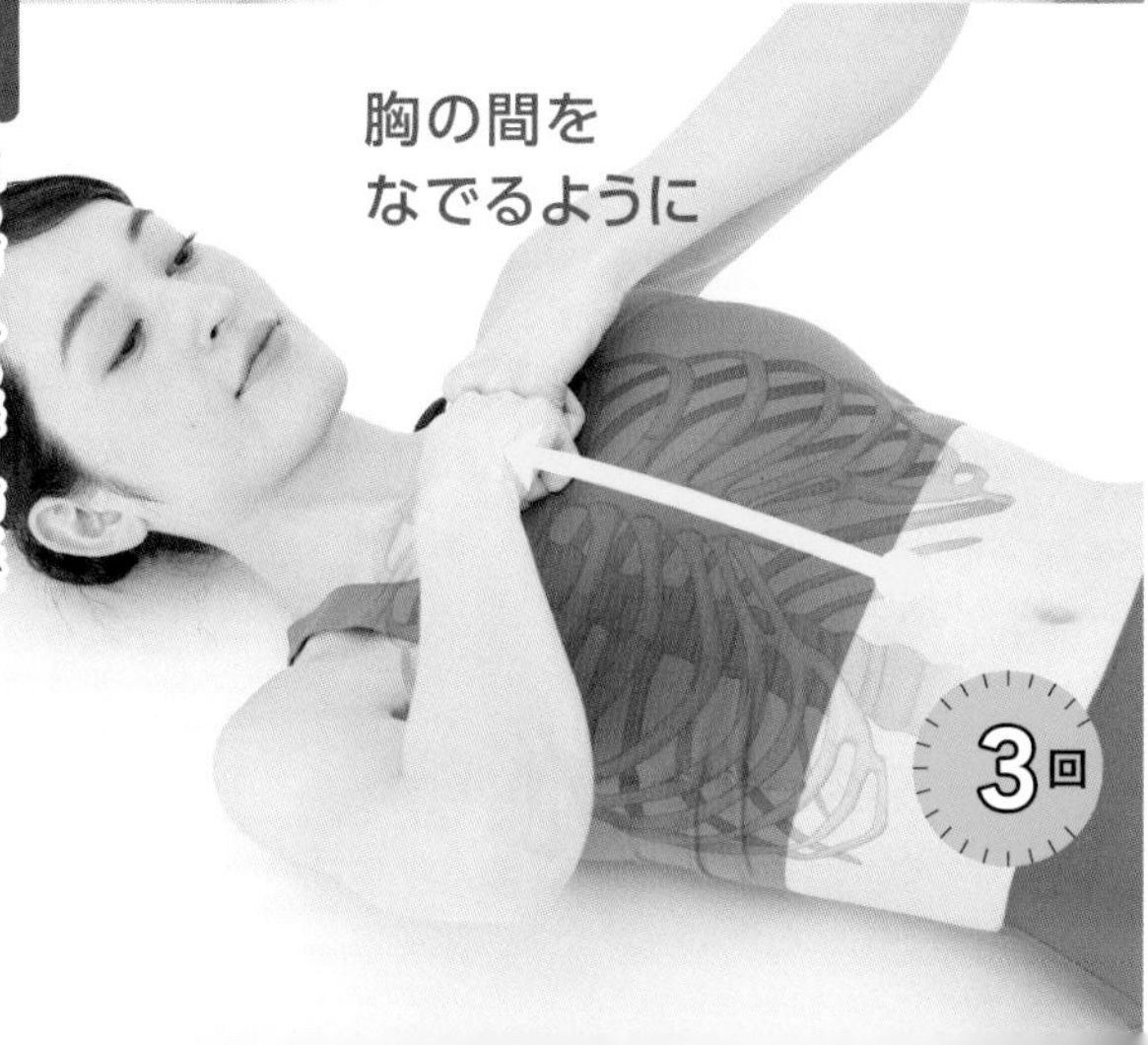
胸の間を
なでるように
3回

4

みぞおちから
鎖骨の間に
向かってさする。

張り筋はがし 7

腕と首下の張り筋はがし

上腕は首や胸からの筋肉が集まるところ。張り筋をはがすと、キレイな鎖骨の形が出て、首のシワがとれるなどの効果が期待できます。

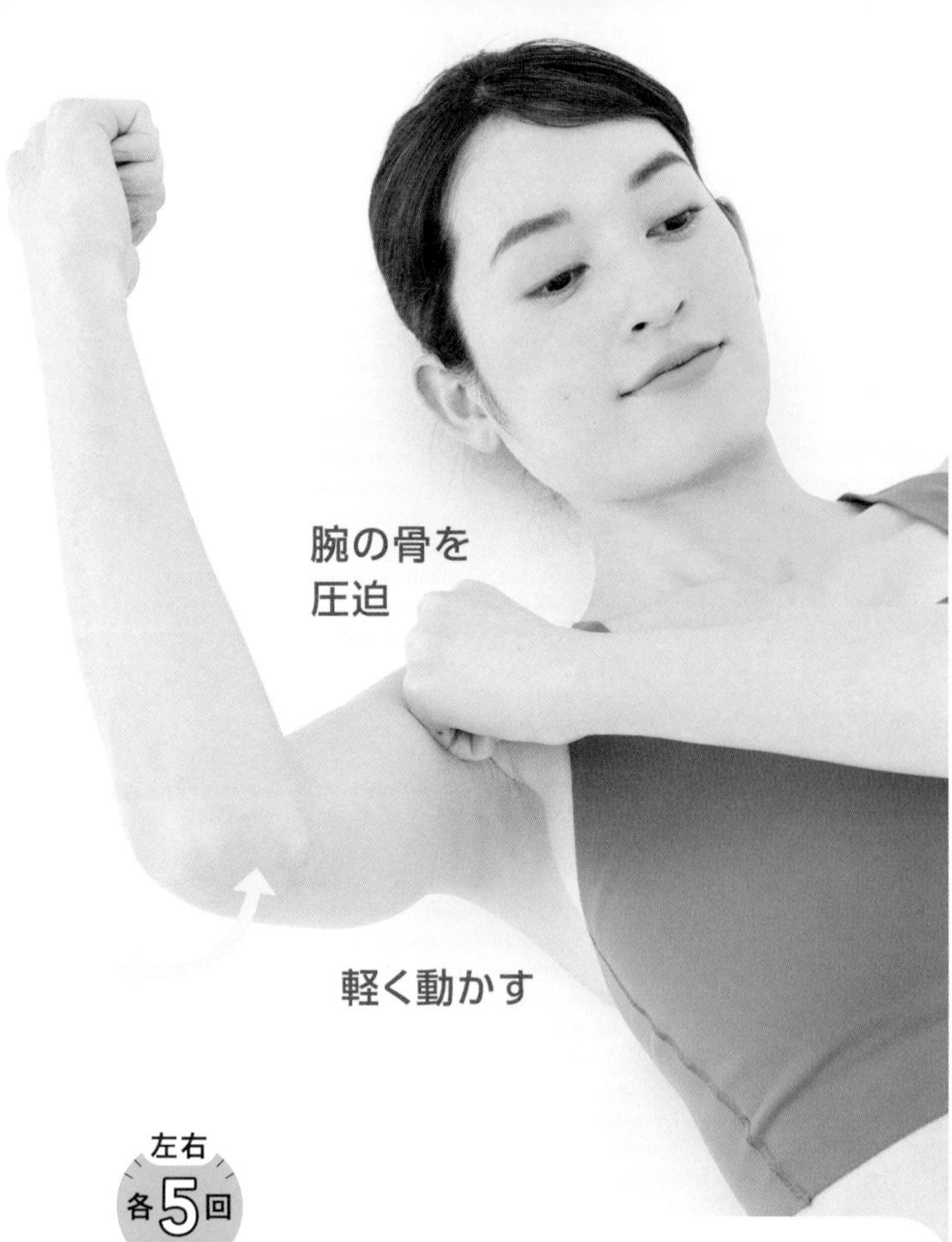

左右 各5回

1

仰向けになり、握った左手で右腕のつけ根を押す。そのまま右腕を前後に軽く動かす。

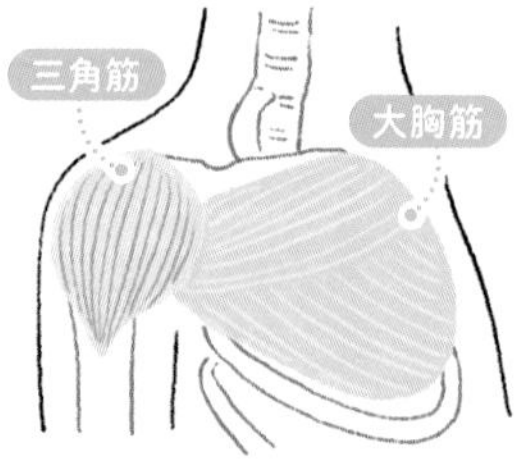

この筋肉をはがす

大胸筋は鎖骨、胸骨、ろっ骨から、上腕骨にかけてついている大きな筋肉。腕側の三角筋にも刺激を与え、腕と首下の両方の張り筋をはがします。

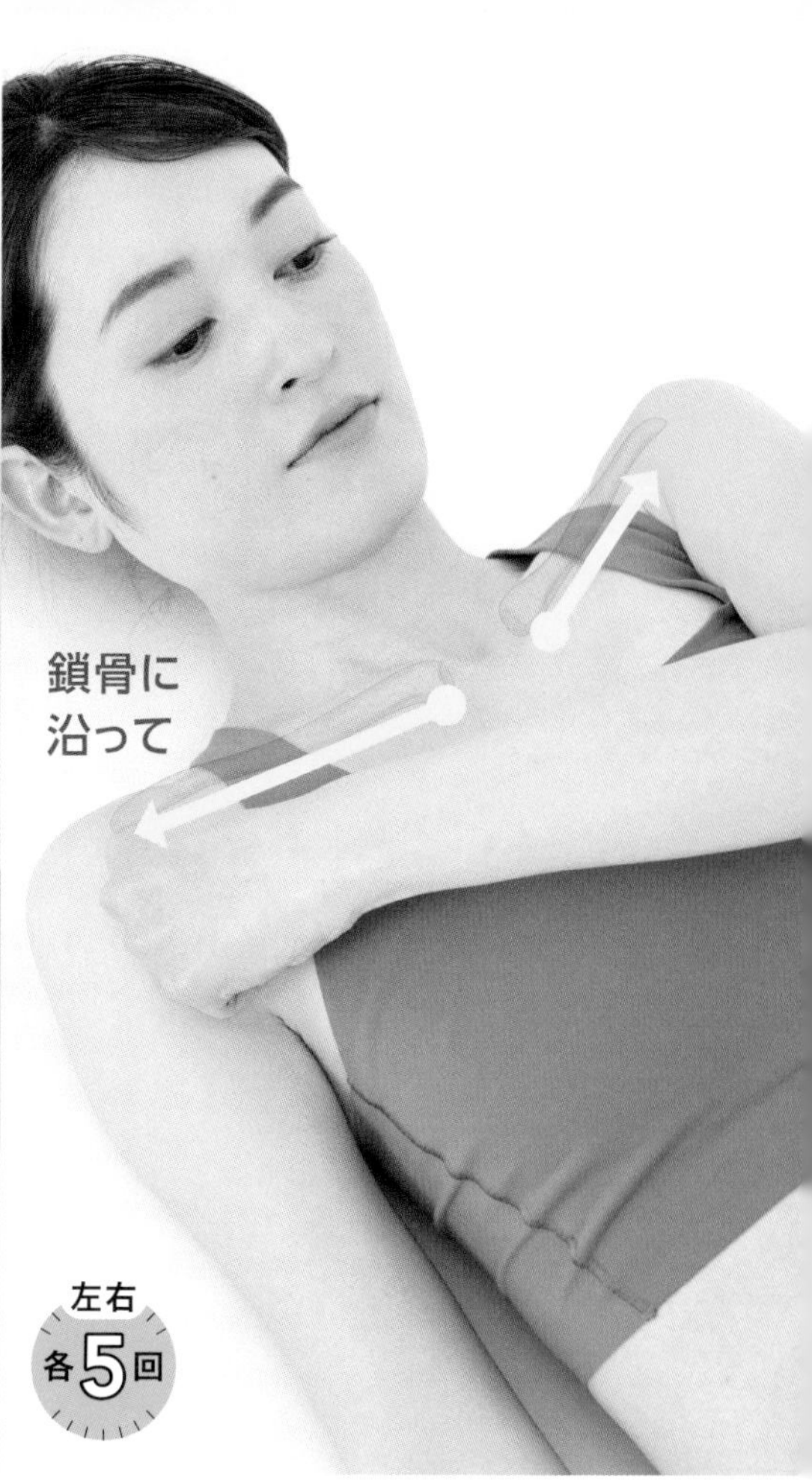
鎖骨に
沿って
左右
各5回

2
鎖骨下に握った手を当て、外側へ向かってさする。

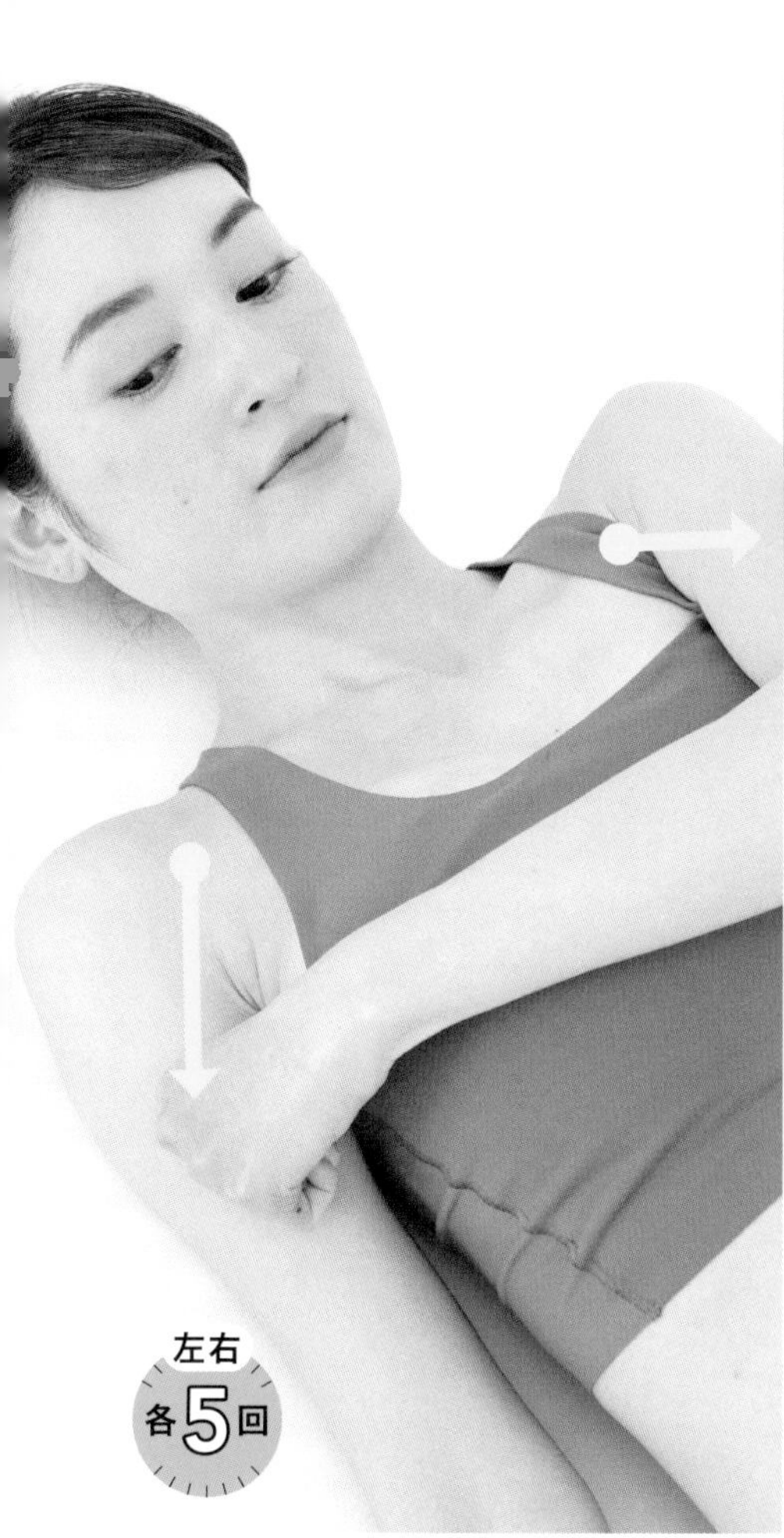
左右
各5回

3
鎖骨の外側まできたら、斜め下へ向かってさする。

鎖骨まわりや
後ろ姿がシュッとして
美しくなりますよ。

張り筋はがし 8

顔まわりの張り筋はがし

お尻に手を挟むことで、首を最大の可動域まで傾けられ、はがれやすくなります。顔や首のシワが減り、顔まわりがスッキリします。

この筋肉をはがす

僧帽筋《そうぼうきん》、肩甲挙筋《けんこうきょきん》、菱形《りょうけい》筋《きん》は、首と背骨につながる大きな筋肉で張りやすい状態。また、手をお尻に挟むことで広背筋《こうはいきん》も刺激。ここをほぐすと肩や首のこりの軽減もできます。

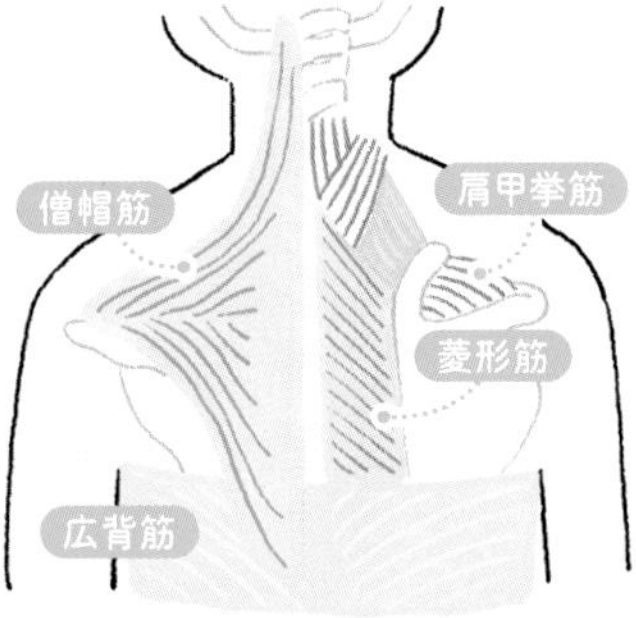
僧帽筋
肩甲挙筋
菱形筋
広背筋

1

**仰向けになり、
右手をお尻の下に入れる。
左手を頭に当てて、首を左へ倒す。**

2

**同じ姿勢のまま、右手を握り、
首の骨のキワを圧迫する。
同様に反対側も行う。**

お尻に手を挟むことで、
固定されしっかりと
伸ばすことができます。

刺激する場所

頸椎《けいつい》(首の骨)の間隔がつまると神経が圧迫されて不調につながります。拳でほぐして間隔を取り戻し、神経伝達をスムーズにします。

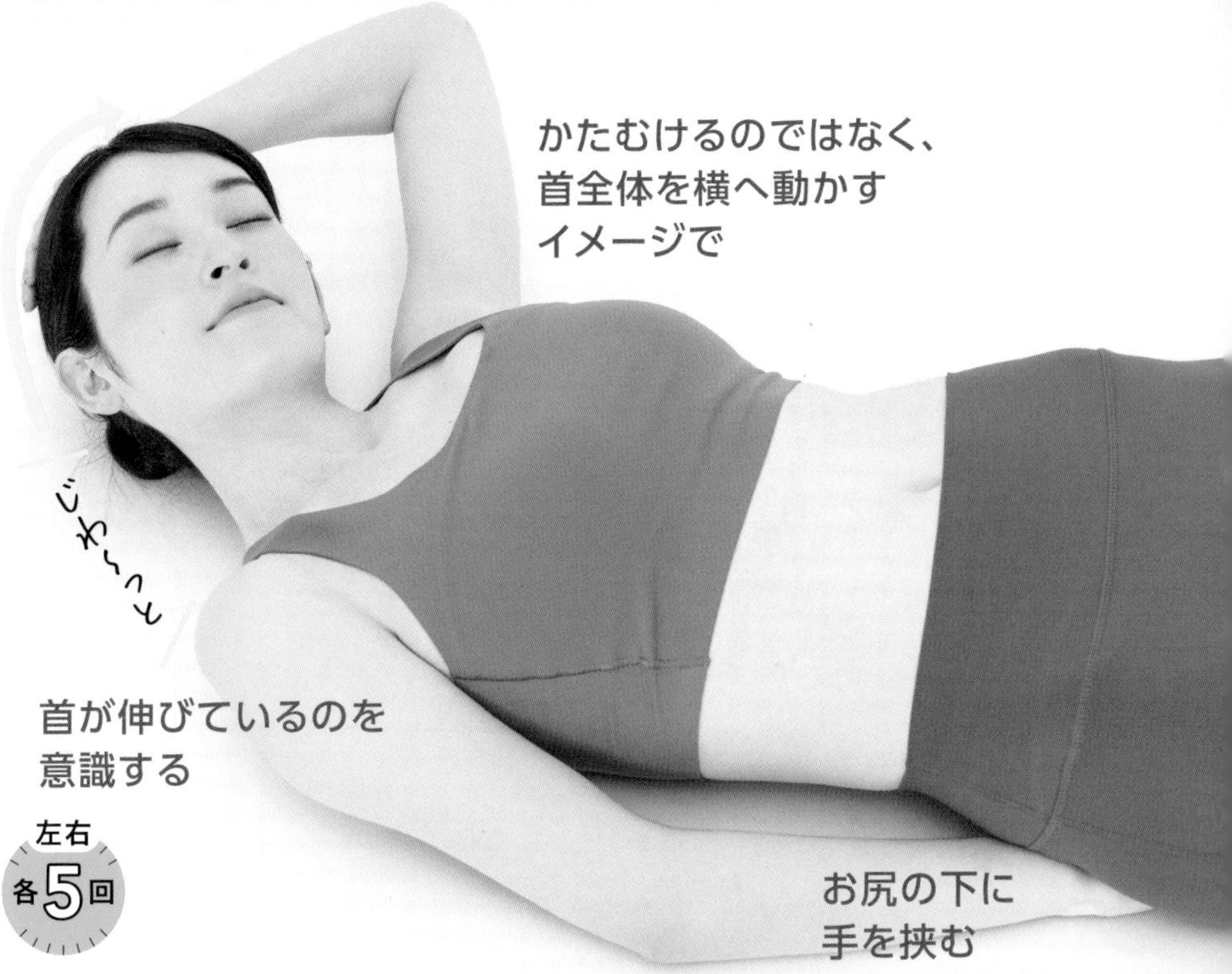
かたむけるのではなく、
首全体を横へ動かす
イメージで
じわ〜っと
首が伸びているのを
意識する
左右
各5回
お尻の下に
手を挟む

首は
倒したまま
ぐり
ぐり
左右
各5回

張り筋はがしの あとに

ほぐれた張り筋を整える ふわ筋血流ながし

副交感神経を優位にさせて全身をリラックス。その後睡眠をとることで眠りが深まり、体のすみずみまで血液がめぐります。

アルマジロをイメージしよう

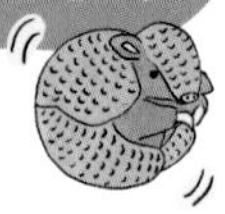

アルマジロのように体を丸めましょう。背骨には大きな神経の通り道があります。背中が伸びると自律神経が整い、体の力が抜けて眠りに入りやすくなります。

1

**横向きに寝て、
手で頭をかかえて足を曲げて
体を丸くする。**

2

**胸に両手を重ねて当て、
目を閉じて心臓の音を聞く。**

POINT!

落ち着いたら
手を離し、
このまま眠るだけ！

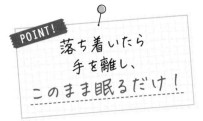

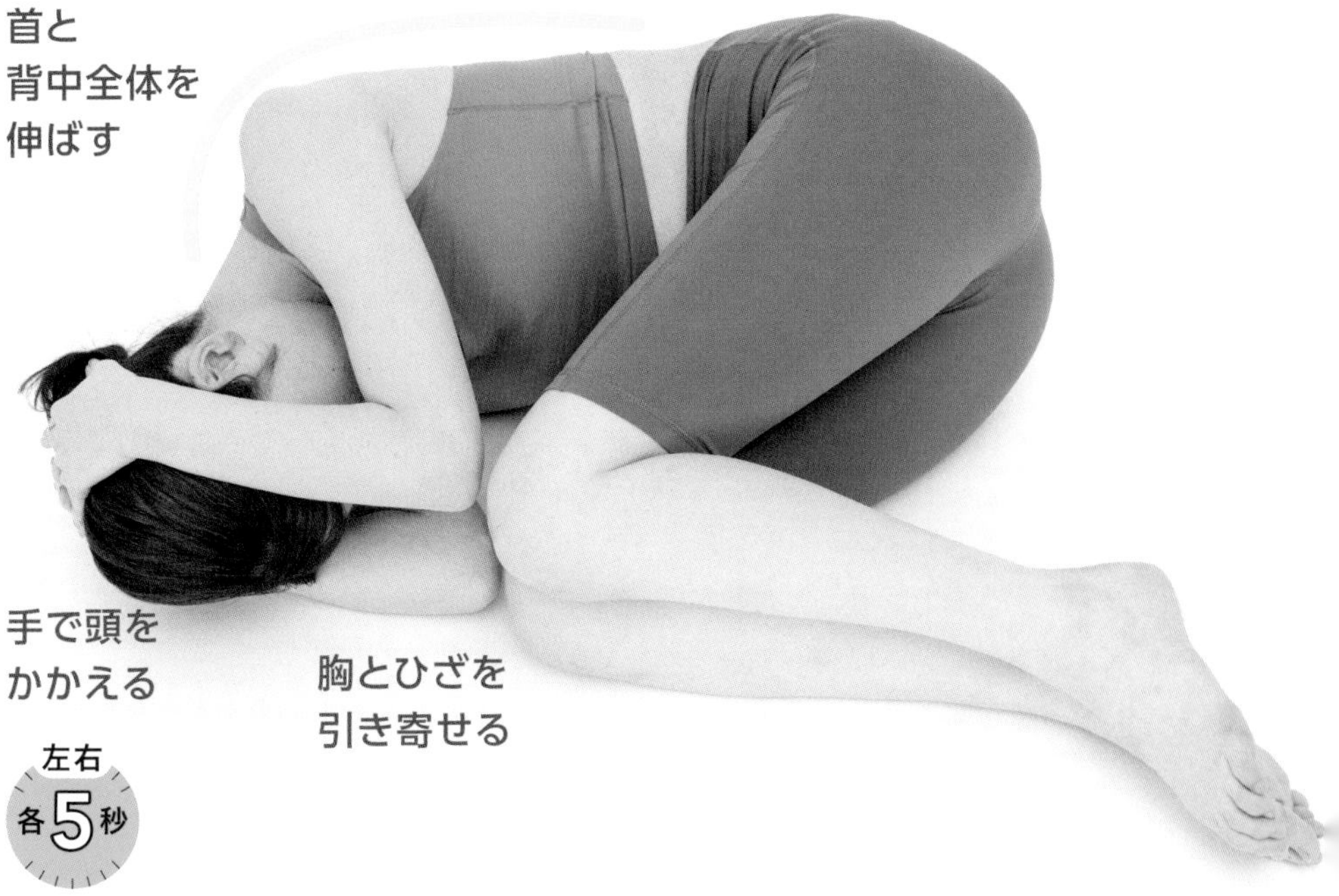
首と
背中全体を
伸ばす
手で頭を
かかえる
胸とひざを
引き寄せる
左右
各5秒

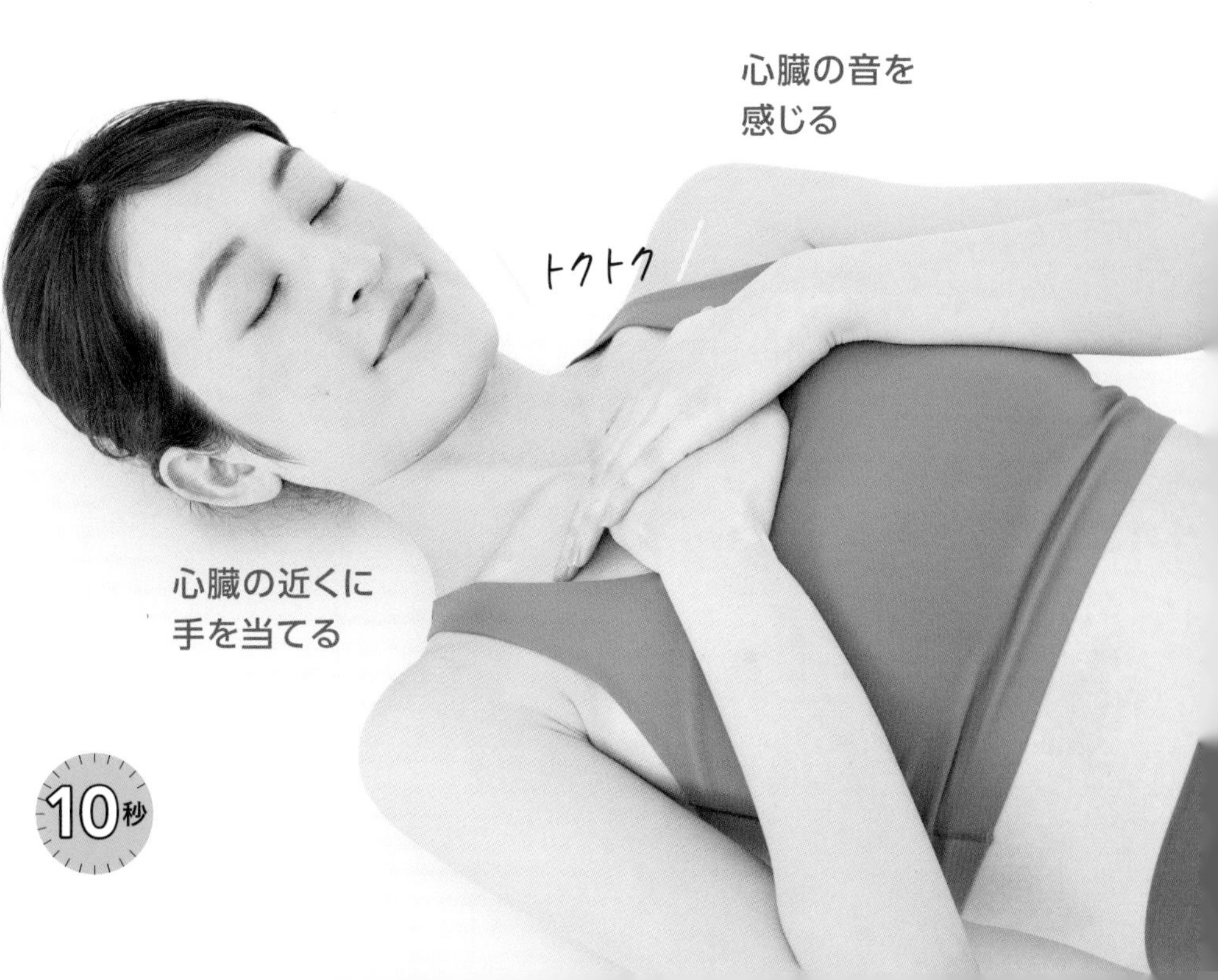
心臓の音を
感じる
トクトク
心臓の近くに
手を当てる
10秒

忙しくて今日はムリ!

そんな日はこれだけでもOK

疲れ過ぎて張り筋はがしをする体力が残っていない……。それなら、３つの動きだけを行って眠りましょう。睡眠の質が上がり、疲れがとれますよ。

P48

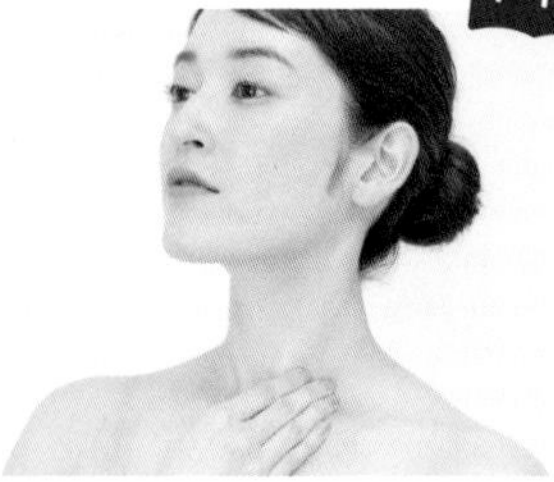

鎖骨の深部リンパ節開放

リンパの集まる鎖骨は必ず押して、眠っている間に、老廃物がしっかりと排出されるようにしておきます。

＋

P64

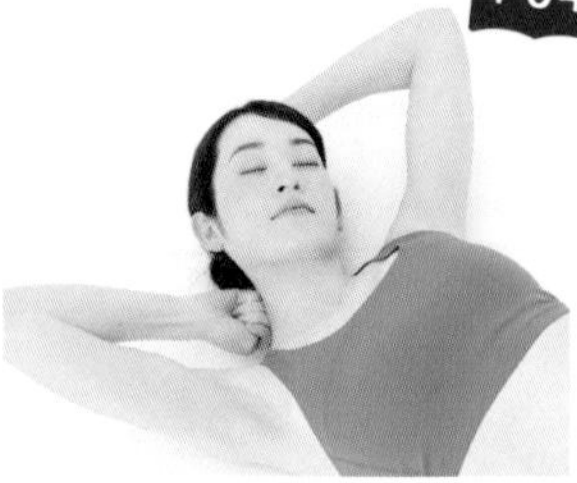

顔まわりの張り筋はがし

首には僧帽筋《そうぼうきん》や広背筋《こうはいきん》などかたまりやすい大きな筋肉があり、張り筋はがしをすることで周囲の筋肉も連動して緊張を解くことができます。

＋

P66

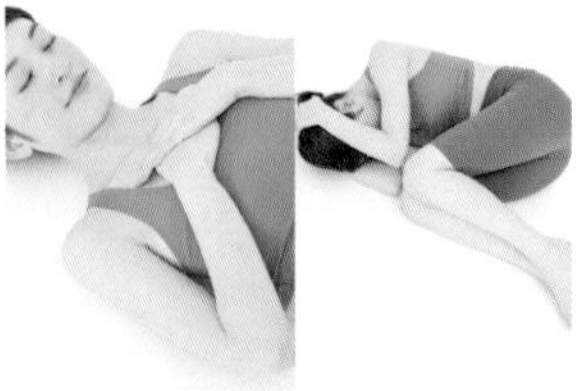

ふわ筋血流ながし

全身を深くリラックスさせるために、自律神経を整える動きを最後に行います。心と体が落ち着き、疲れがとれやすくなります。

PART 3

理想の体型をつくる!

気になる部位の張り筋はがし

ぼやけたフェイスラインやたるんだ二の腕、ぽっこりおなかなど、気になる部位にアプローチする張り筋はがしです。動きのクセなどによって張りやすい筋肉は変わりますが、P48～の基本の張り筋はがしに追加して行えば、ダイエット効果が高まります。

顔やせ・たるみ解消

たまった老廃物を排出して スッキリフェイス

張り筋にたまる老廃物は細胞の代謝を妨げます。はがすことでたるんだフェイスラインが上がり、二重あごも解消します。

圧迫しながら
首をふる
グーッ
ひじをついて、
指の関節を
入れ込むように
3か所
各5回

1

うつ伏せになり、軽く握った手であごから耳までを3か所押し、首をふる。

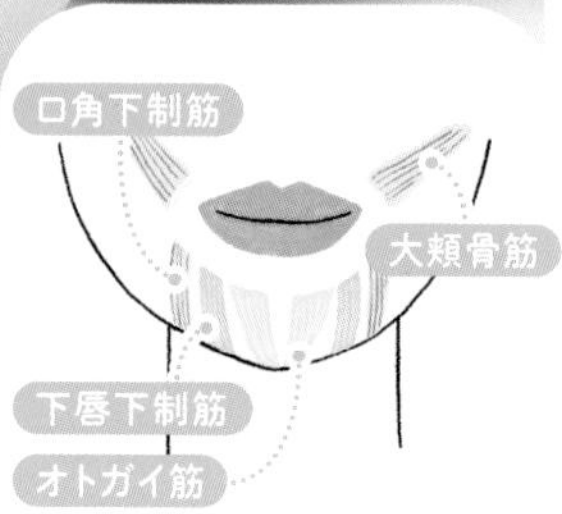

口角下制筋
大頬骨筋
下唇下制筋
オトガイ筋

この筋肉をはがす

口角下制筋《こうかくかせいきん》、下唇下制筋《かしんかせいきん》、オトガイ筋、大頬骨筋《だいきょうこつきん》を刺激します。ふわ筋になると表情も若々しく、優しくなります。

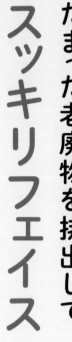

頬骨を
持ち上げるように

3か所
各5回

2
次に、頬から耳までを
3か所押しながら、首をふる。

大《だい》頬《きょう》骨《こつ》筋《きん》を刺激すると表情筋が動かしやすくなり、頬のたるみが解消、小顔へ導きます。

顔は下へ、手は上へ
という意識で行うと
効果的です。

二の腕やせ

垂れた振り袖肉を刺激して ほっそり二の腕

普段使えていない二の腕の筋肉を刺激することで、たまった老廃物を排出し、腕を細くします。腕のだるさや肩こりの軽減にも効果的です。

この筋肉をはがす

上腕《じょうわん》二《に》頭《とう》筋《きん》と上腕《じょうわん》三《さん》頭《とう》筋《きん》の両方を刺激します。深部のリンパの流れもよくなり、脂肪の排出を促します。

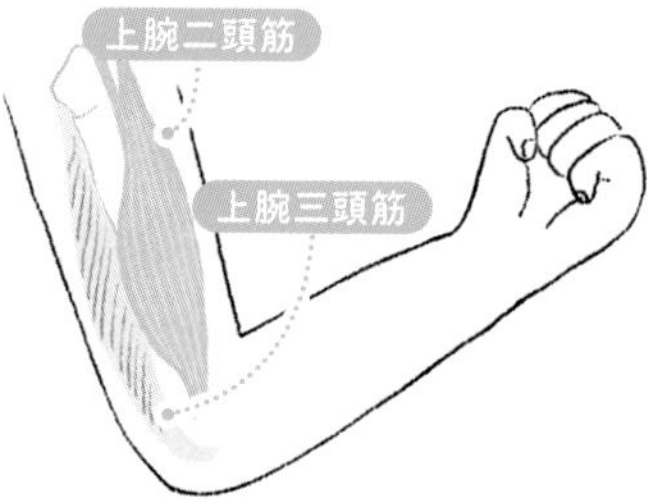
上腕二頭筋
上腕三頭筋

1 仰向けになり、腰の下で右手首を左手でつかむ。

2 左手を引っ張る。左右とも行う。

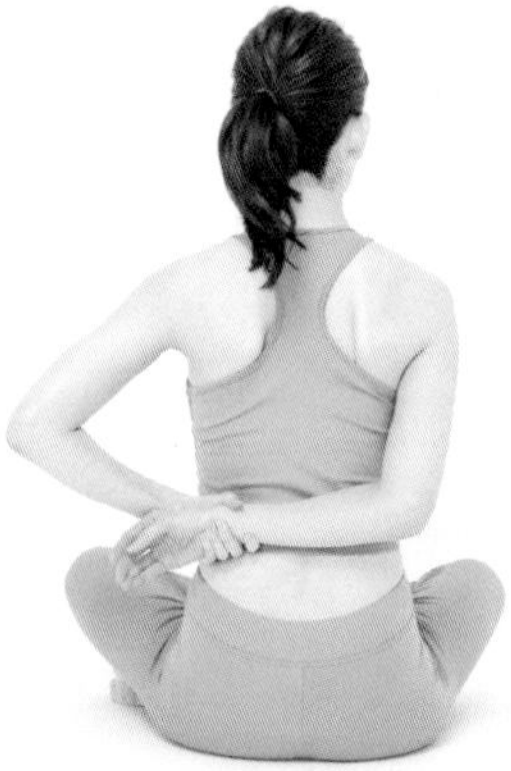

体の下で手首を引っ張ることで、肩から腕にかけて強くストレッチされます。肩のゆがみや腕のだるさもとれます。

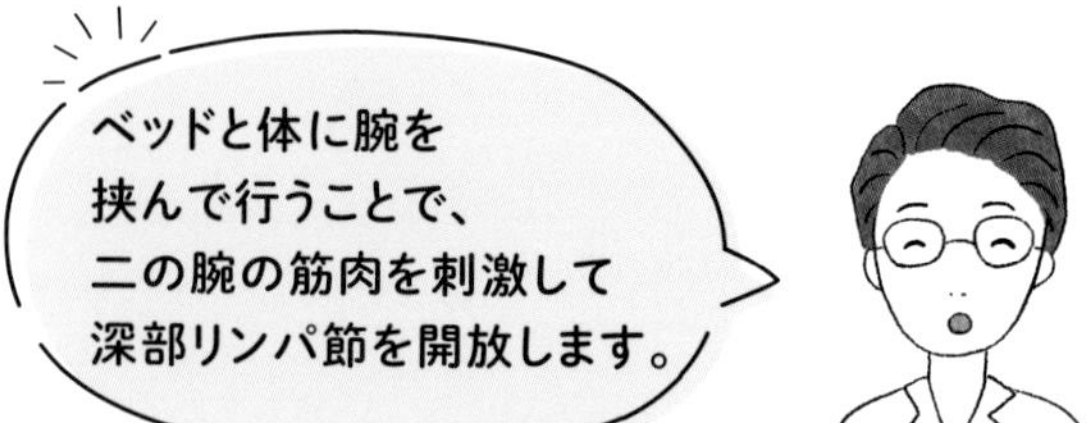
ベッドと体に腕を
挟んで行うことで、
二の腕の筋肉を刺激して
深部リンパ節を開放します。

左右
各5秒

体とベッドの
両方で
腕を挟む

二の腕が
引っ張られるのを
感じて

グイーッ

体の下で
手首を
引っ張る

背中やせ

動かしにくい筋肉を活性化させて 後ろ姿美人

背中の筋肉がかたくなると胸側の筋肉も張り、バストが縮んだり、猫背になります。胸を広げる動きで背中も胸もキレイな形になります。

この筋肉をはがす

背中の大きな僧帽筋《そうぼうきん》と広背筋《こうはいきん》を刺激し、はがします。肩甲骨周りにある小さな20ほどの筋肉にも刺激を与えることができます。

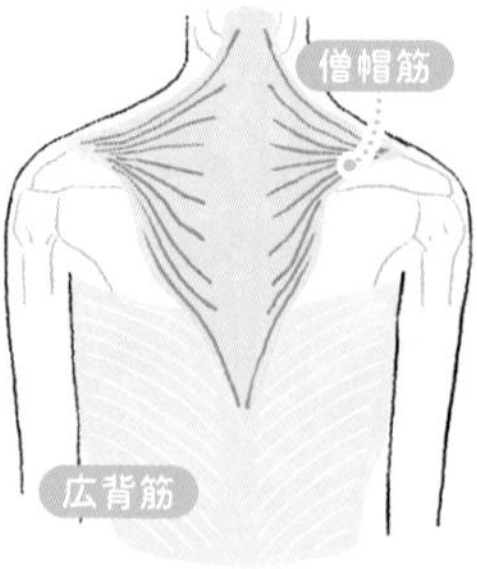

1 ベッドに座り、お尻の下に手を入れる。

2 背中を反らして肩甲骨を寄せる。

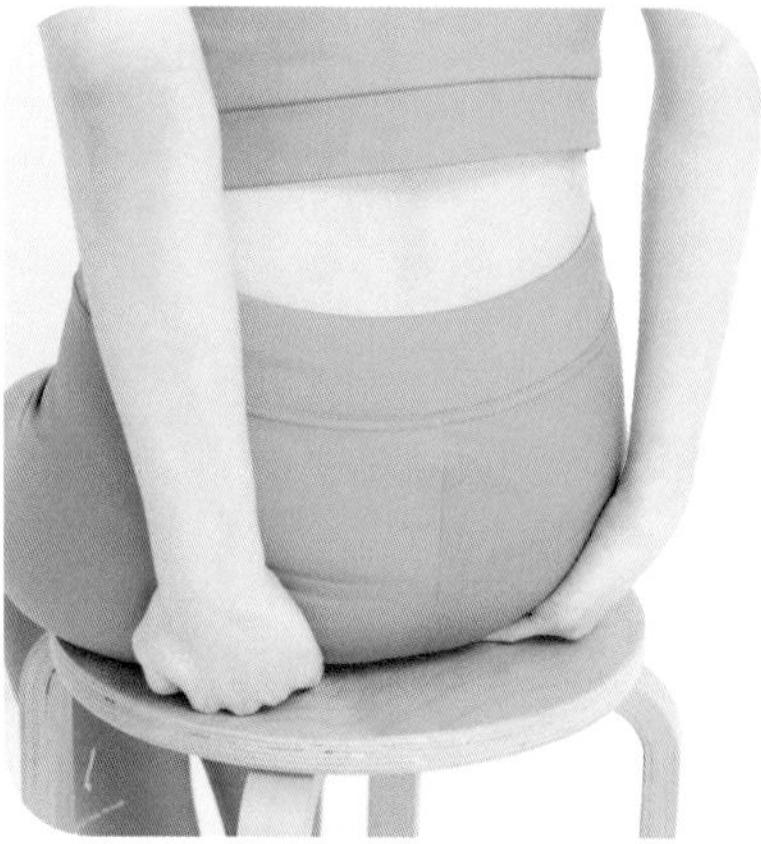

手のひらを上にしてお尻の下に挟む。

5秒キープ3～5回

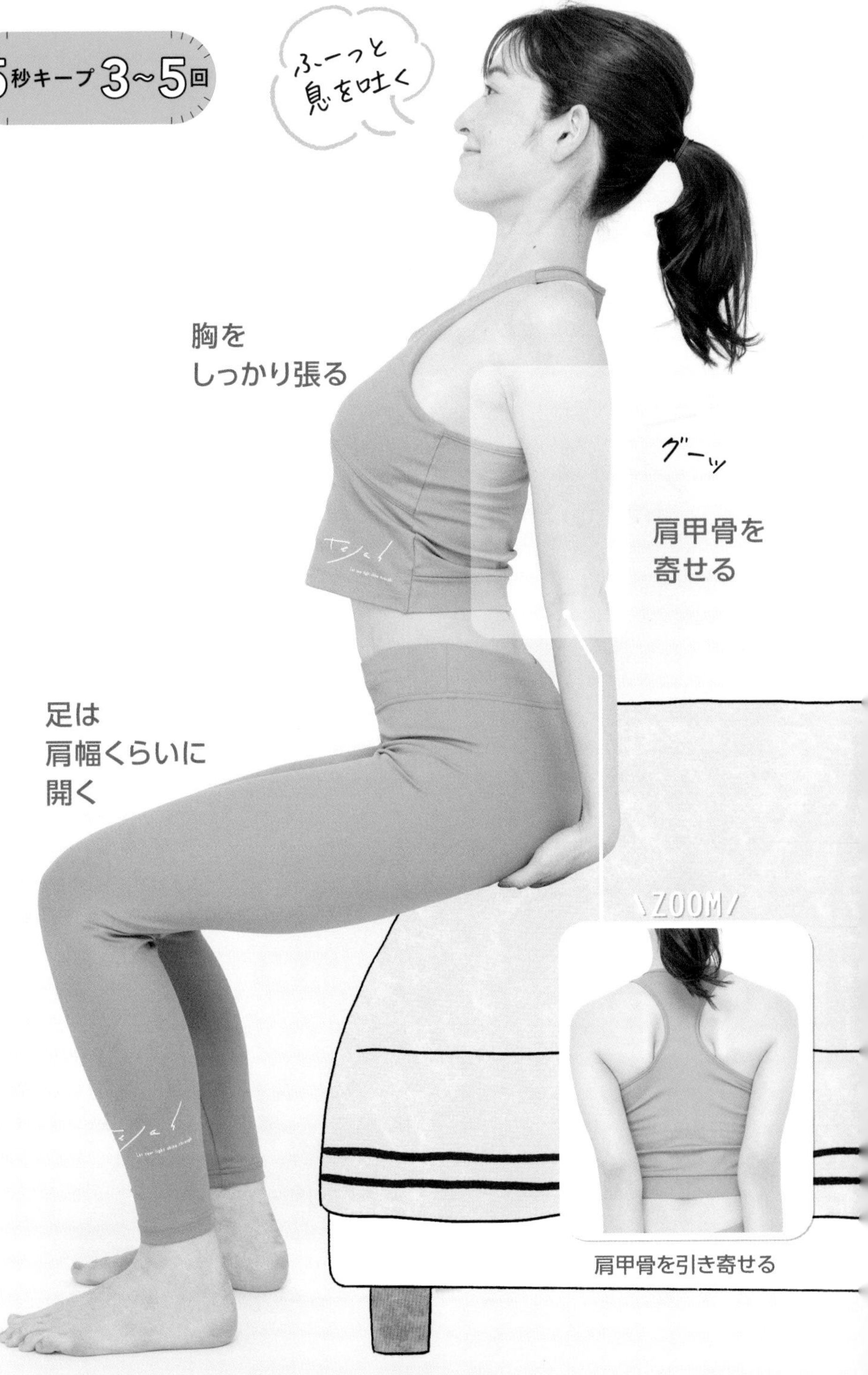

胸を
しっかり張る

肩甲骨を
寄せる

足は
肩幅くらいに
開く

肩甲骨を引き寄せる

おなかやせ

かたまりがちな脂肪を燃焼させて ぺたんこおなか

ぽっこりおなかは、脂肪の下にある張り筋をはがし、しっかりと筋肉の動きを活性化させることが大切。脂肪が燃え下腹がスッキリします。

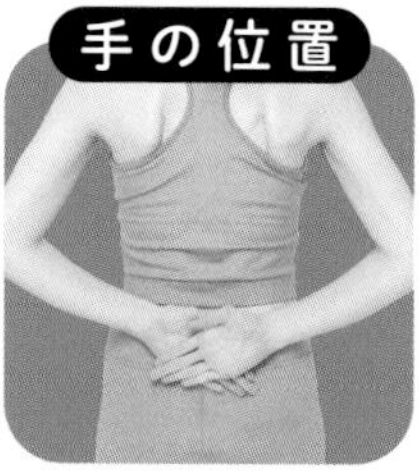

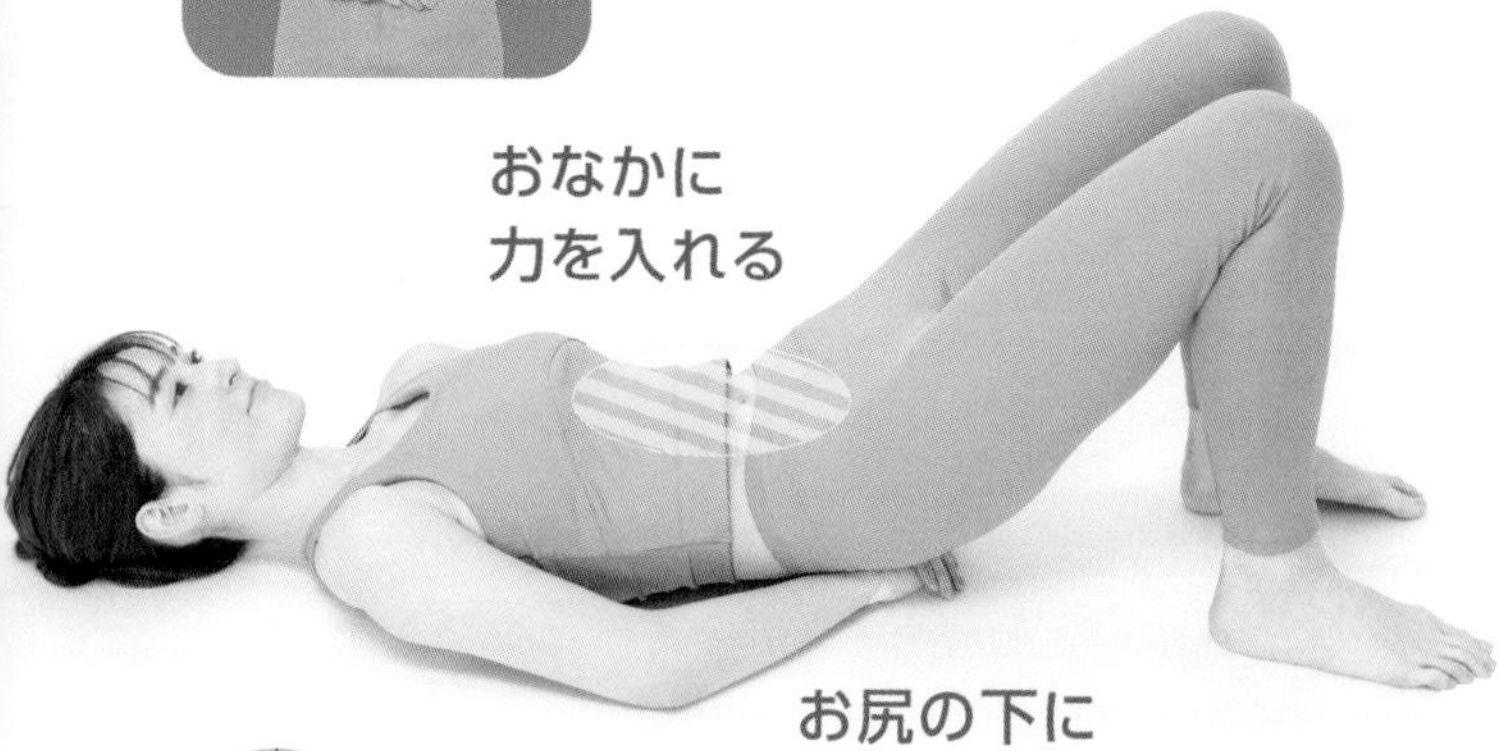

1

ひざを立てて仰向けになり、お尻の下に手を入れておなかをへこますように力を入れる。

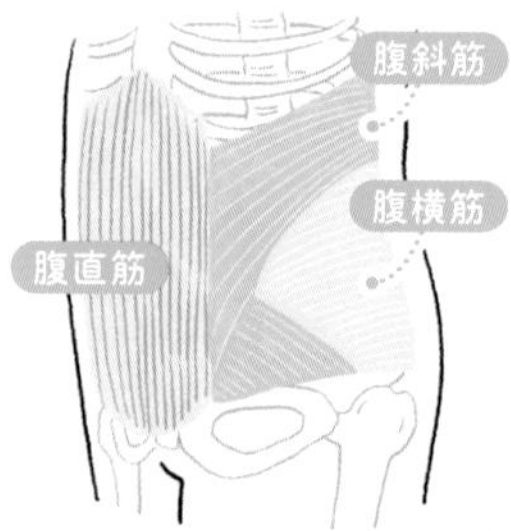

この筋肉をはがす

腹直筋《ふくちょくきん》、腹斜筋《ふくしゃきん》、腹横筋《ふくおうきん》をまとめて刺激して一気に張り筋をはがします。

LEVEL UP!

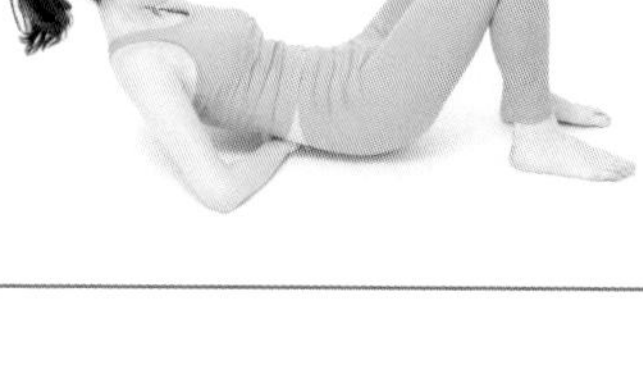

できる人は、上半身を起こして5秒キープすると効果アップ。

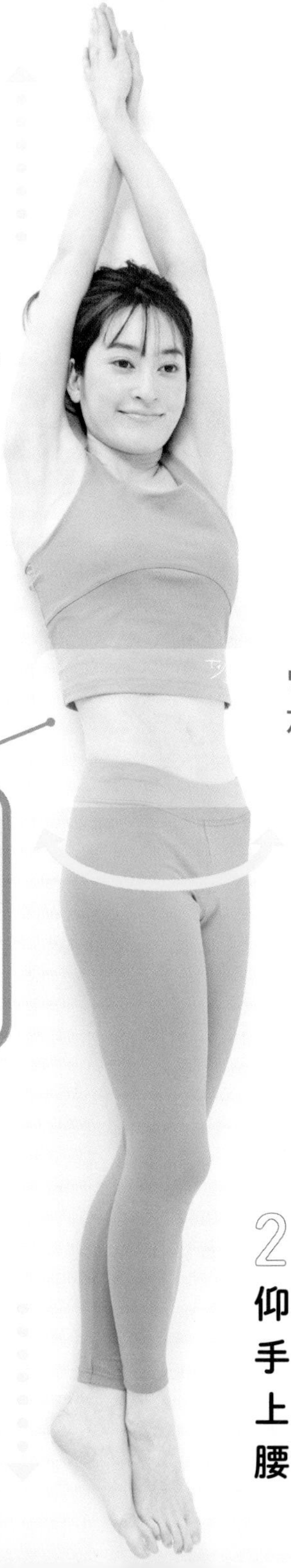

腰はしっかりねじる。

2

**仰向けになり、
手足を交差させる。
上下に伸びながら
腰を左右に動かす。**

30回

お尻やせ

臀筋をはがして引き上げ 丸い上向きヒップ

お尻は普段の生活であまり動かさないため、筋肉が張って垂れがち。眠る前にはがすことで、脂肪が燃焼して引き締まりヒップアップに。

この筋肉をはがす

お尻には臀《でん》筋《きん》が8つ集中しています。まとめて刺激を与えることで、バランスよくたるみを防止します。

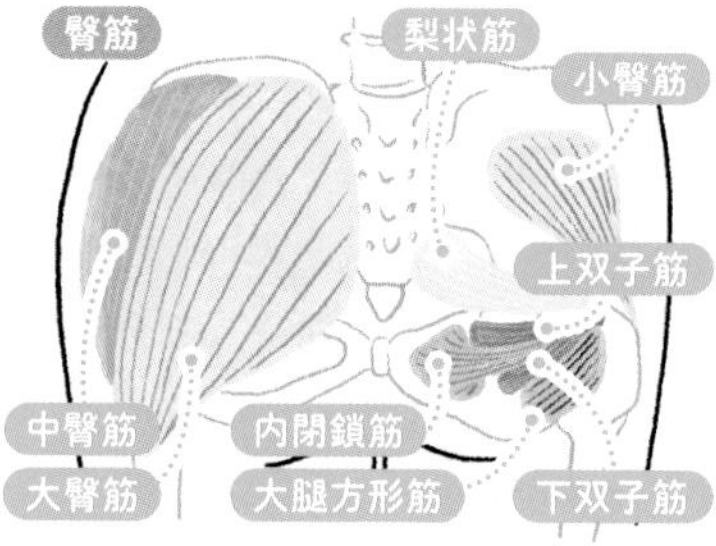

臀筋
梨状筋
小臀筋
上双子筋
中臀筋
内閉鎖筋
大臀筋
大腿方形筋
下双子筋

1

**ひざを立てて仰向けになり、
軽く握った手をお尻の下に当てる。
足を左右に倒すのを5回くり返す。**

2

**仰向けのまま、左足を右側に倒す。
左側の左ひざが
なるべく床につくようにする。**

＼ 上から ／

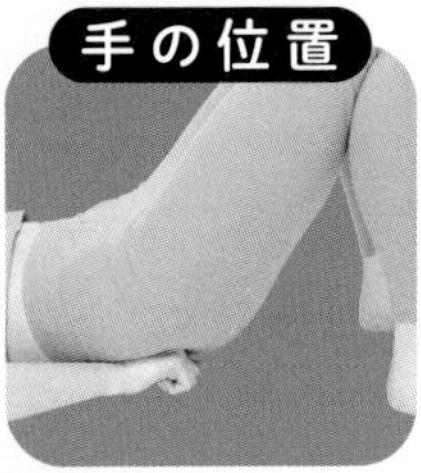

足は
肩幅に開く

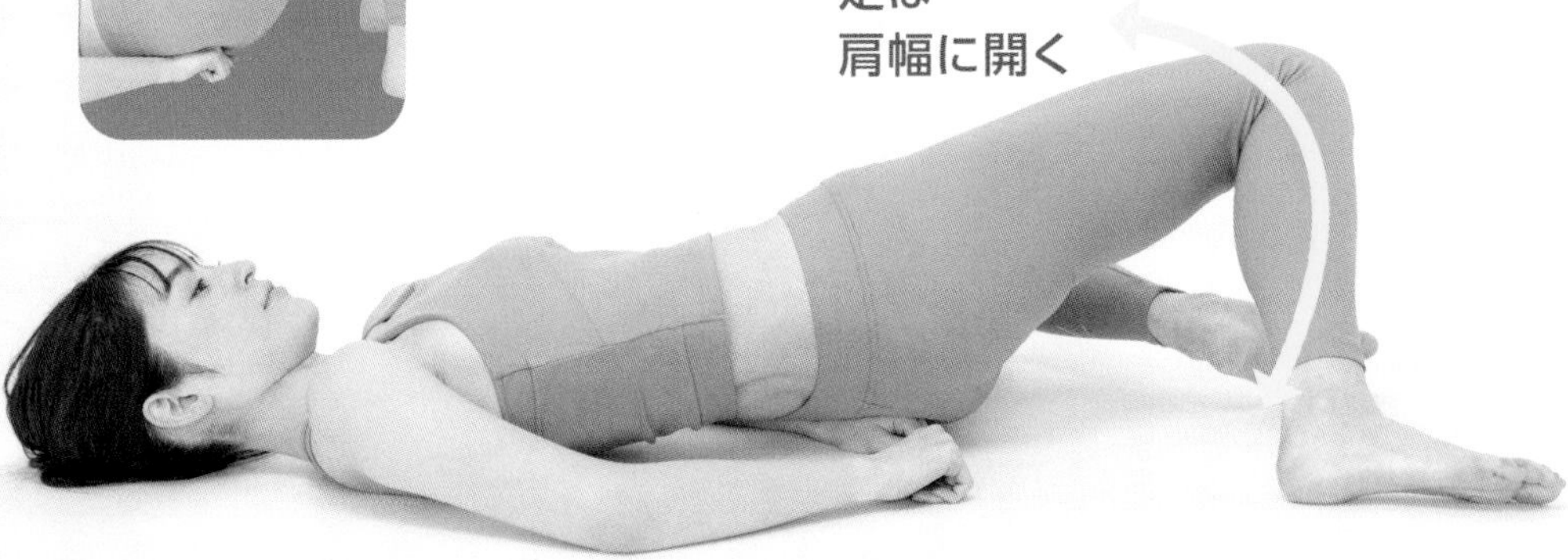

手は
お尻の下へ

左右
各5秒

手は横へ
まっすぐ伸ばす

指先を見る

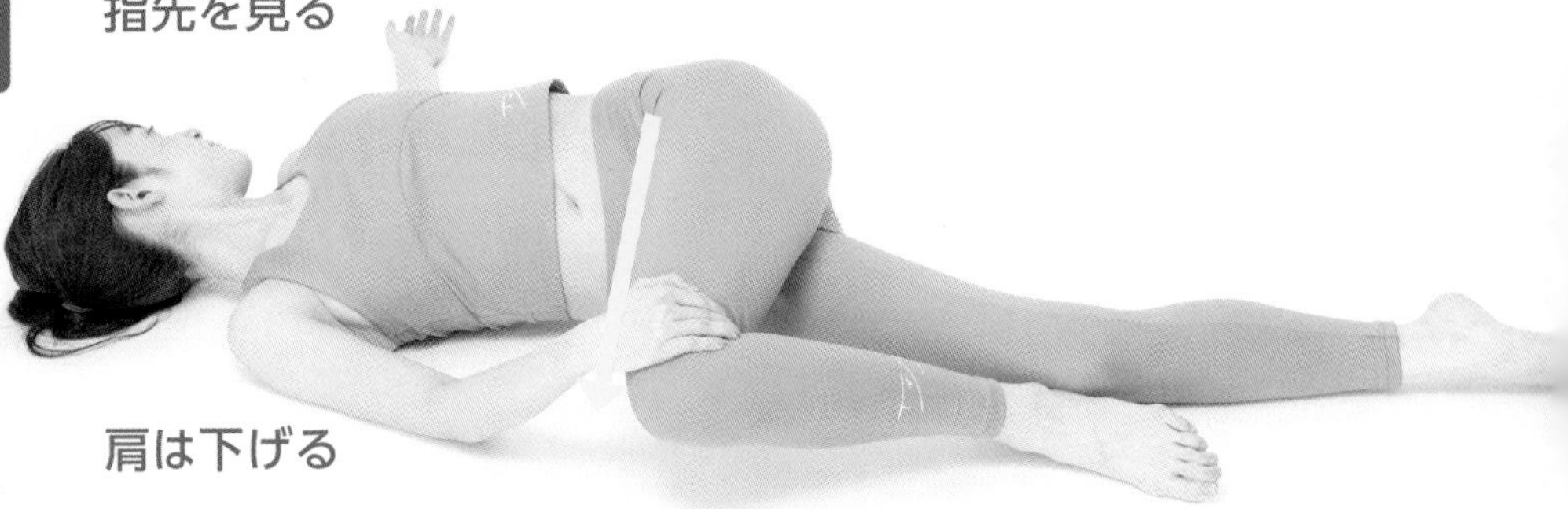

肩は下げる

ひざをできるだけ
床に近づける

左右
各10秒

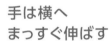

足やせ

下半身のゆがみを整えて 形のよいスラリ足

足の形の悪さや太さは、骨盤のゆがみが要因のひとつ。太ももからひざを刺激すると骨盤も整い、筋肉がキレイにつき、美しい足になります。

グーッと
押し合う
ひざは内側に
力を入れる
ひじは外側へ
力を入れる

5秒

1

両ひざを立てて開いて座り、両手を組む。腕は外へ、足は内へ力を入れる。

ベッドに座って行ってもOK。

この筋肉をはがす

内《ない》転《てん》筋《きん》群《ぐん》や大《だい》腿《たい》四《し》頭《とう》筋《きん》など太ももにある筋肉に刺激を与えます。姿勢が整いまっすぐ歩きやすくなります。

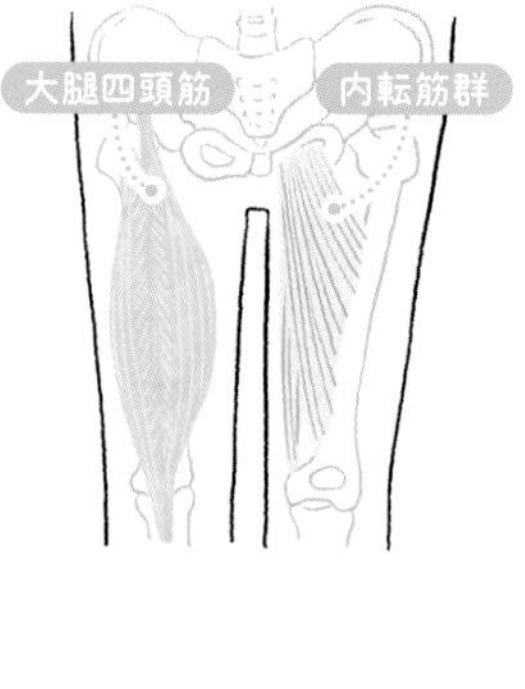
大腿四頭筋
内転筋群

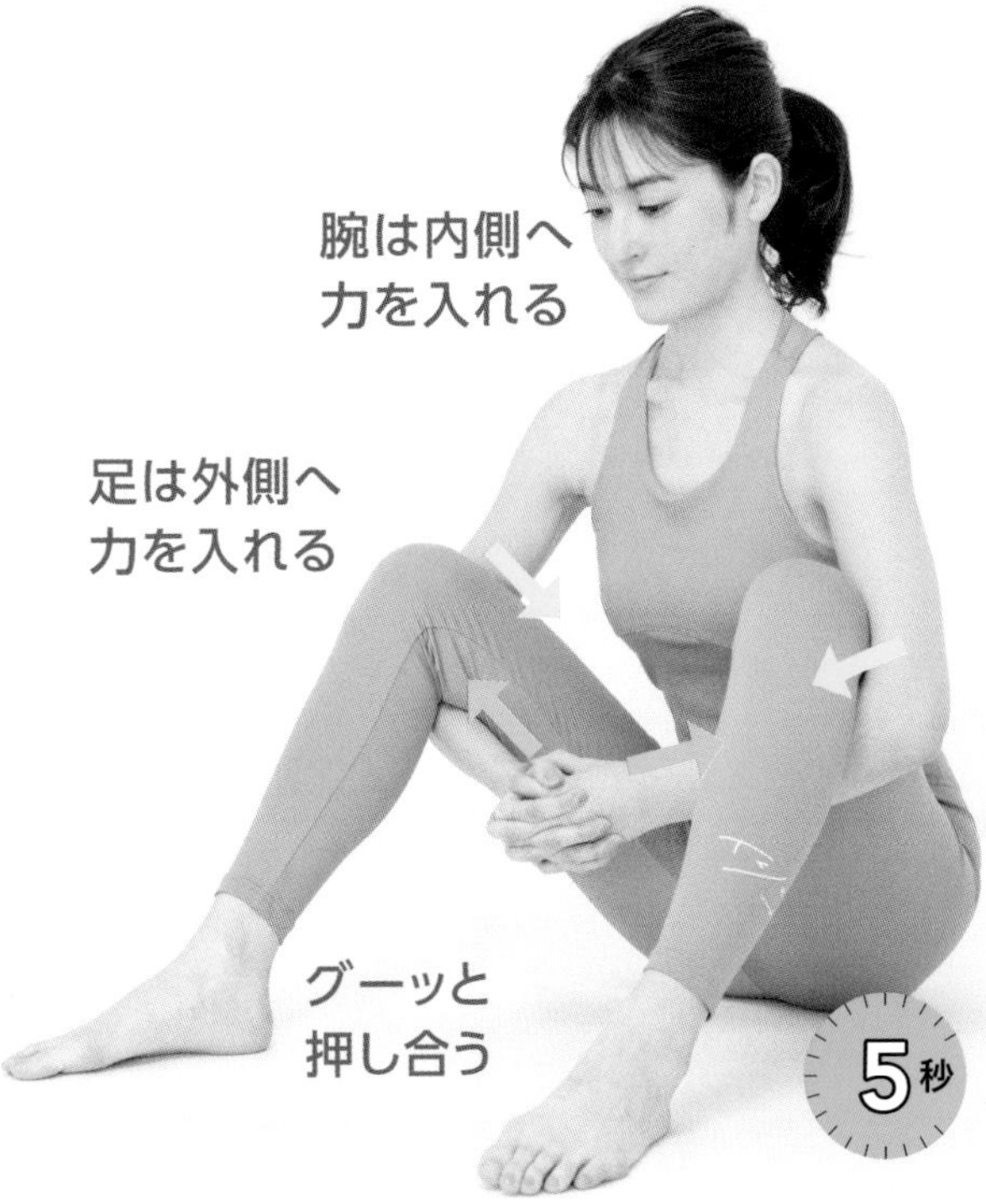
腕は内側へ
力を入れる
足は外側へ
力を入れる
グーッと
押し合う
5秒

2
同じ姿勢のまま、
ひざの下で
手を組み、
腕は内、足は外へ
力を入れる。

腕は下へ
力を入れる
ひざは上へ
力を入れる
足先を上げる
5秒

3
同じ姿勢のまま、
ひざの上で
手を組む。
足先を上げ
腕とひざで
力を反発させる。

COLUMN

ただ鍛えてやせるのでは、カサカサに! 美しくはなれません

やせたいからと、ジムなどに通ってがむしゃらに運動をしている人はいませんか。しっかり汗を流してやせようと考えているなら注意してほしいことがあります。

それは、水分補給をこまめにすること。運動をして血流がよくなると代謝が上がり、汗が出ます。「汗が出る」ことでやせたような気持ちになりますが、それは体の中の水分。さらに、体を動かせば必ず老廃物がたまります。きちんと排出されないままに運動を続けては危険です。

体重が減っても老廃物がたまったままでは、肌が乾燥し、シワができたり、げっそりとした印象になって美しくありません。

本書で紹介している張り筋はがしでは、体のめぐりがとてもよくなります。体にたまった毒を出し切って、酸素や栄養が全身に行き渡ります。体のうるおいを保ちながら脂肪を燃焼させることができるのです。

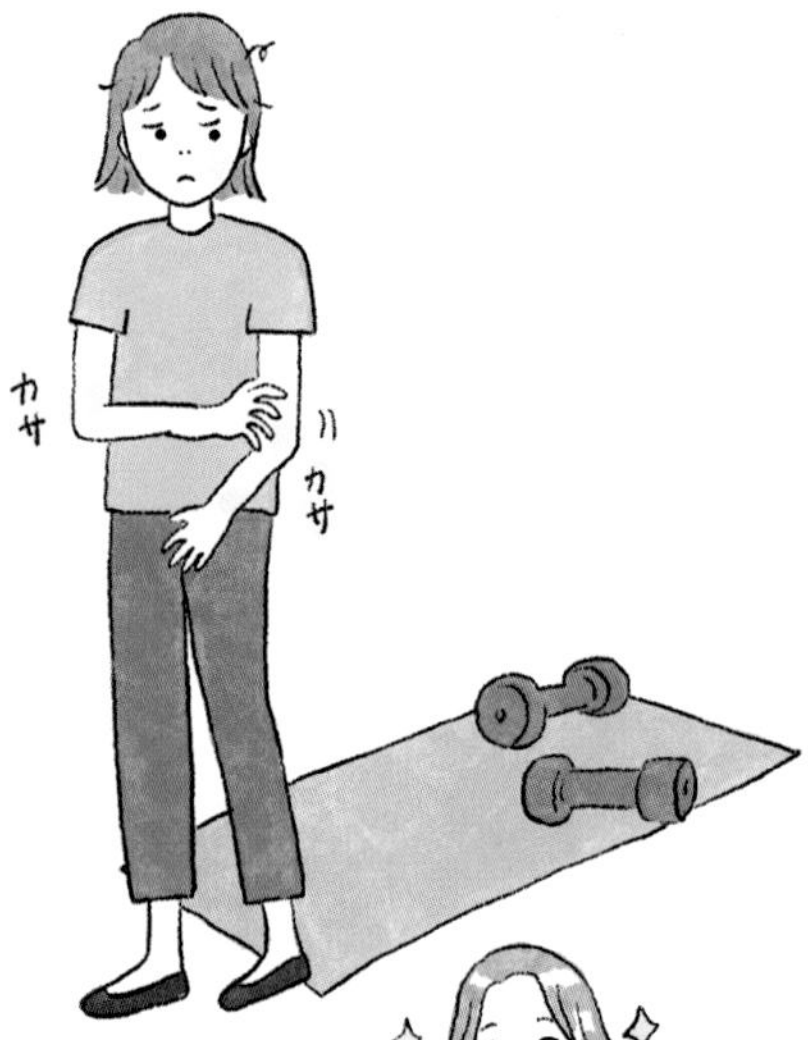

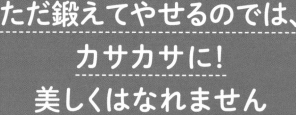

PART 4

美と健康を内側から育む！

張り筋はがしで不調を改善

張り筋はがしの効果はダイエットだけではありません。血流をよくして自律神経を整えるため、肩こりや便秘、頭痛などの不調もよくなります。たるみやシワといった美容面にも効果てきめん。不調を感じたり、予防したいときに行ってみてください。

猫背・巻き肩

猫背・巻き肩の原因とは

座っている時間や、スマホを眺める時間が長いという人は、背中の筋肉が張り、姿勢を支えられず猫背や巻き肩になってしまいます。背中の筋肉の張りをほぐすためには、まず胸を張って体の前側の筋肉を働かせることが大切。前後の筋肉の張りがはがれれば姿勢が整い、見た目も美しくなります。

1

体の後ろで左手で
右手首をつかむ。

2

右手を引っ張るようにして、
体を右にねじる。

＼ 後ろ ／

左手で右手首をつかむ。

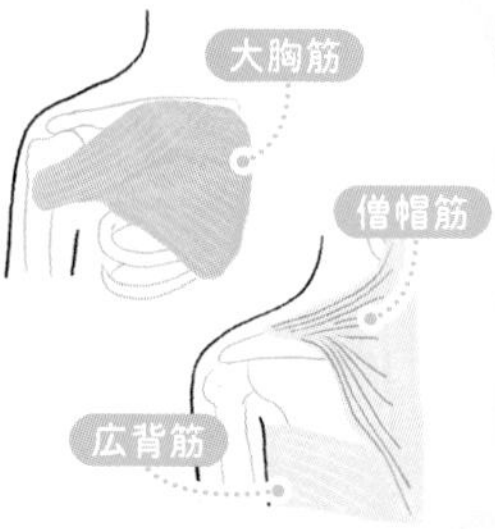

この筋肉をはがす

大胸筋《だいきょうきん》と、僧帽筋《そうぼうきん》、広背《こうはい》筋《きん》に刺激を与えます。胸を張ることで呼吸がしやすくなって代謝が上がり、細胞が再生されやすくなる効果もあります。

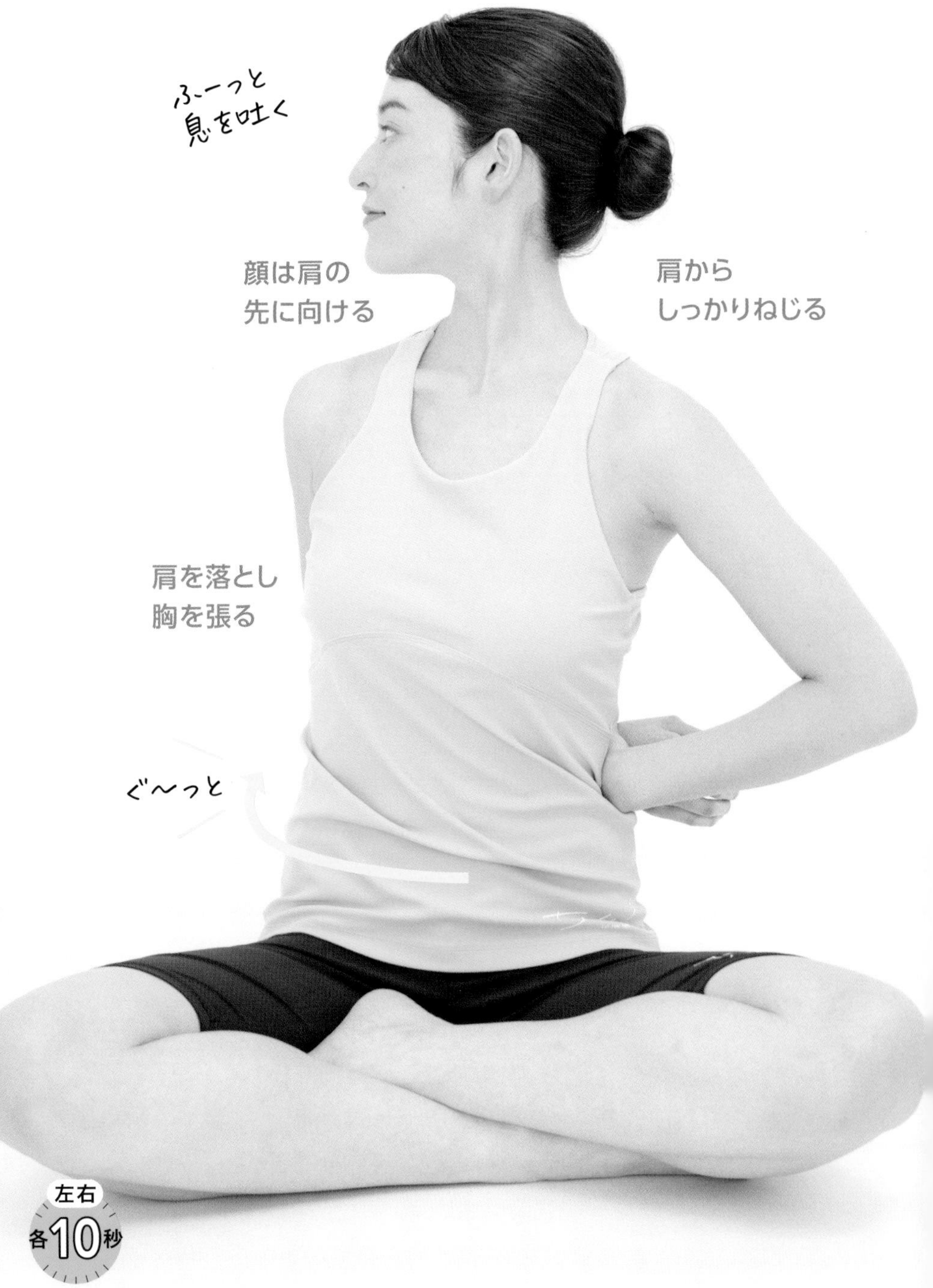
ふーっと
息を吐く
顔は肩の
先に向ける
肩から
しっかりねじる
肩を落とし
胸を張る
ぐ〜っと

左右
各10秒

たるみ・シワ

たるみ・シワの原因とは

マスクをしていると口をあまり動かさずに会話をしたり、表情の動きがとてもにぶくなります。表情筋が固定されることは、筋肉が張る原因にもなります。顔の筋肉は皮筋《ひきん》といって薄いので、皮膚をかるく動かすことで張り筋がはがれます。こするのではなく奥の筋肉を上げるイメージで。

優しく触れる
程度の力で行う
目は
閉じる
じわ〜
5秒 3回

1

**頬杖をついて
うつ伏せになり、
手のひらをまぶたに
当てて圧迫する。**

涙をふくようなイメージで。

この筋肉をはがす

目のまわりの眼輪筋《がんりんきん》、頬まわりの口角挙筋《こうかくきょきん》、上唇挙《じょうしんきょ》筋《きん》、上唇鼻翼挙筋《じょうしんびよくきょきん》、頬骨《きょうこつ》筋《きん》、笑筋《しょうきん》など顔の細かな筋肉が集まる箇所をまとめて刺激します。

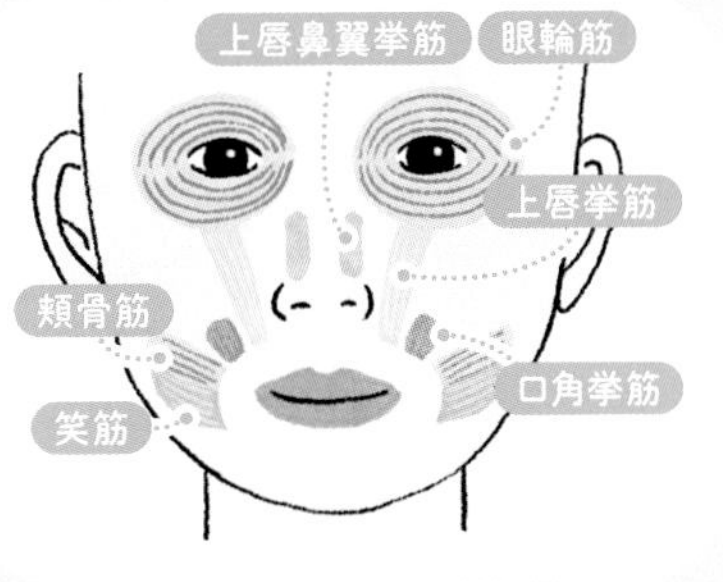

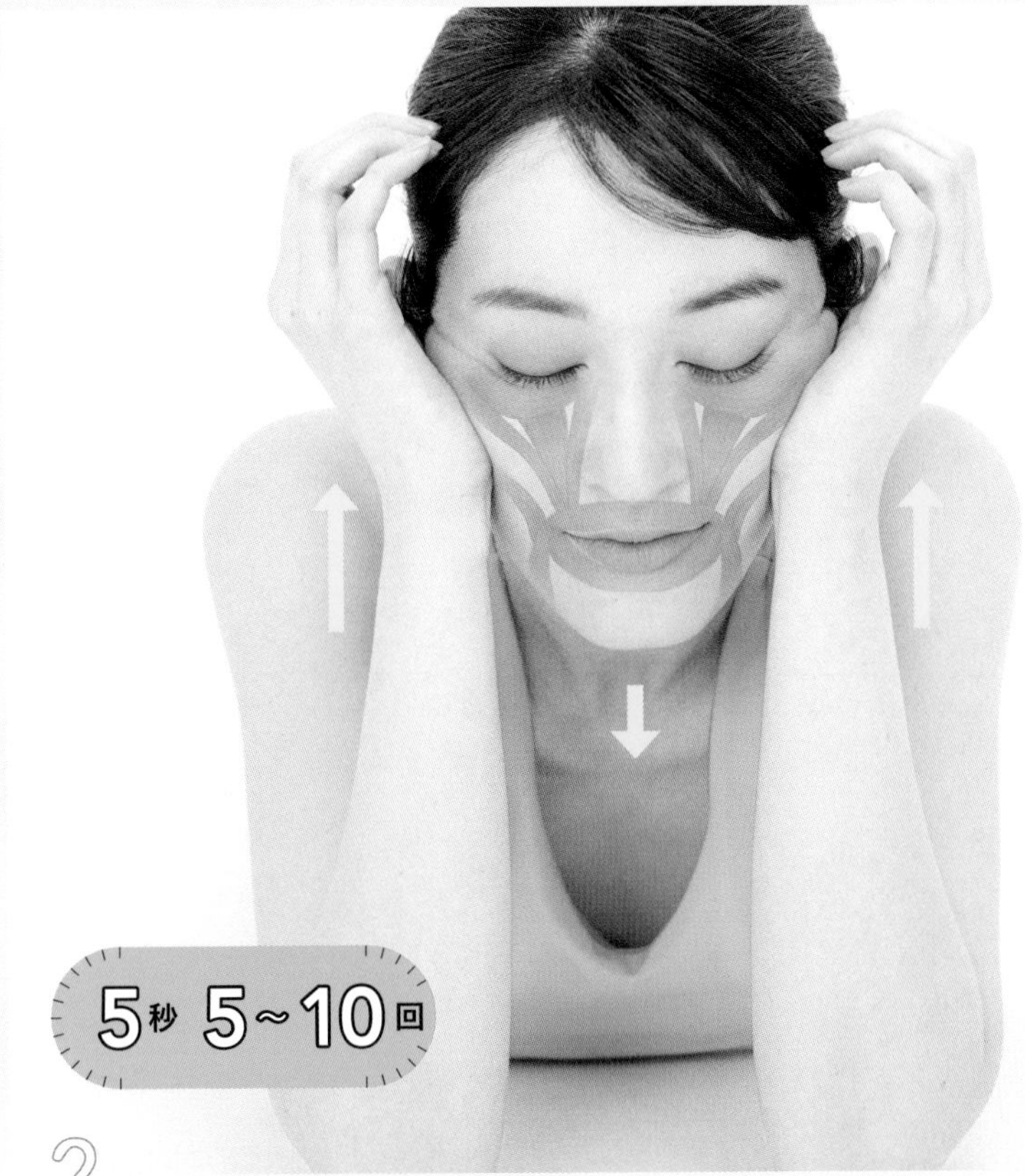

顔は下げるイメージ

手のひらのはらで頬を上げる

5秒 5~10回

2

次に手のひらを頬に当て、引き上げるように圧迫する。

便秘の原因とは

ストレスがたまって体が緊張すると、自律神経のうち交感神経が刺激されて腸のぜんどう運動が弱まります。大腸近くを刺激して擬似的にぜんどう運動を促進させ、便秘解消を促しましょう。寝る前に行うことで、朝目覚めたらスッキリ出る習慣がつきます。

1

うつ伏せになり、左右の手を軽く握る。

2

ろっ骨の下に両手の曲げた指部分を当て、腰を左右に動かす。

3

3か所、手の位置を変えながら同様に行う。

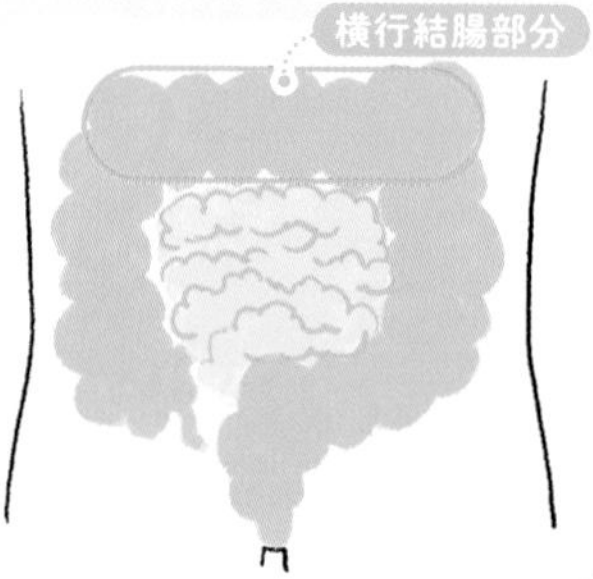

ここを刺激

大腸の横《おう》行《こう》結《けっ》腸《ちょう》部分は動きが鈍り、便がたまりやすい部分。刺激することで周囲の筋肉も動き出し、腸のぜんどう運動を促します。

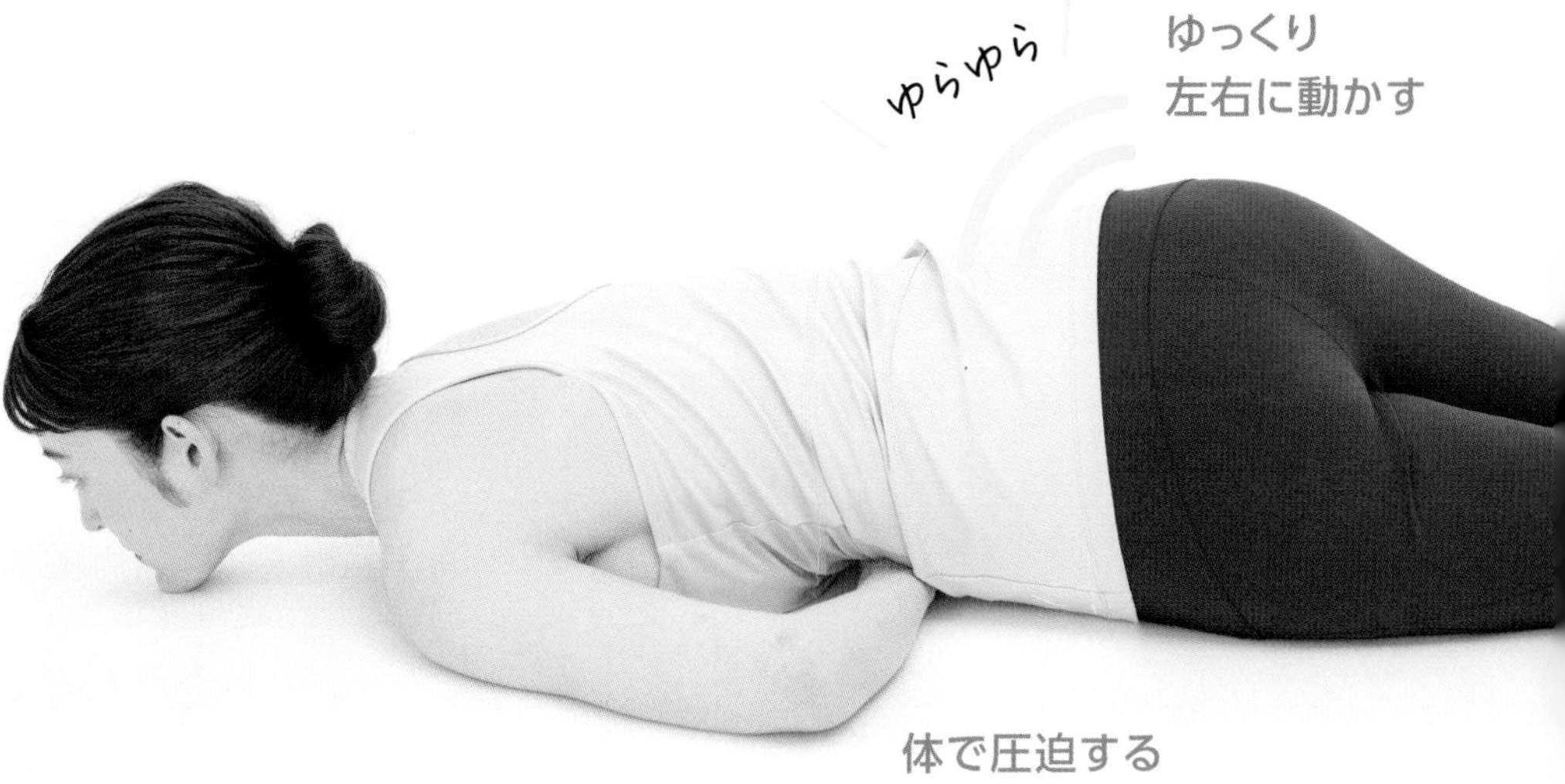

4か所
各5回

※痛みを感じたら中止してください。

手の形

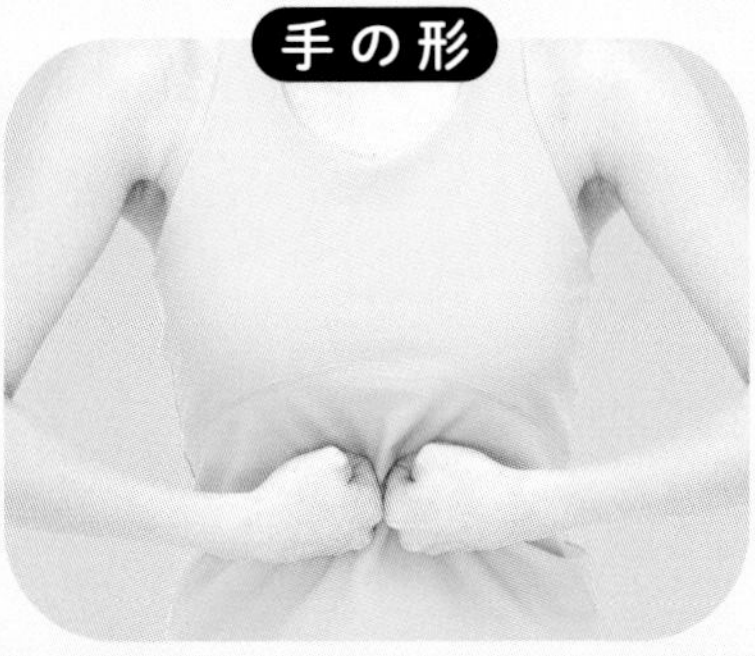

ろっ骨はデリケートな部分なので避け、
ろっ骨下のキワに手を当てる。

刺激する場所

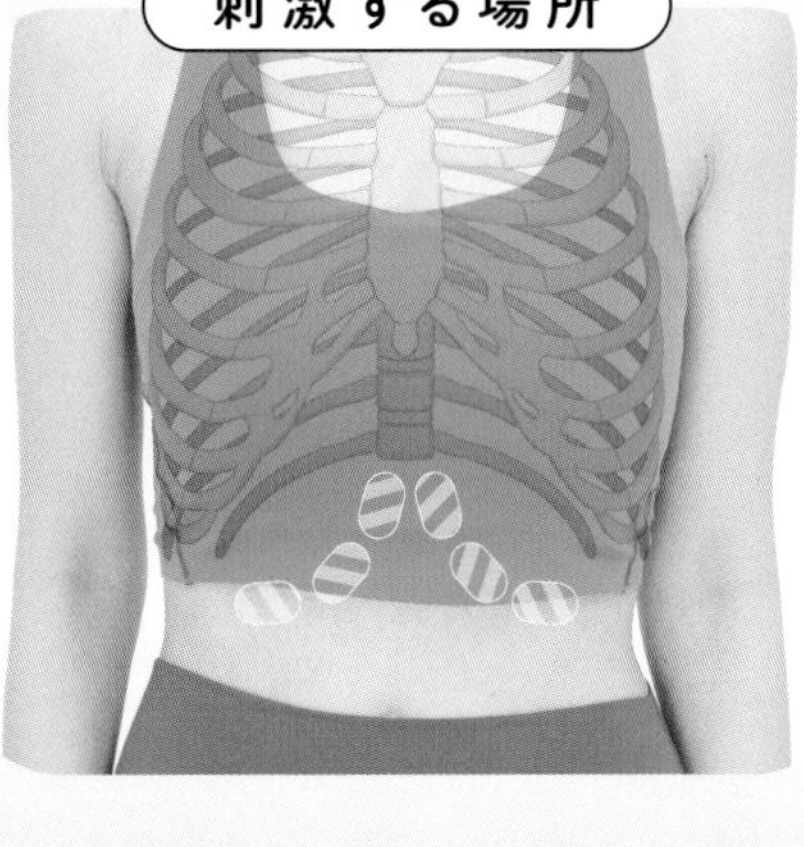

不調改善 4

首こり・肩こり

首こり・肩こりの原因とは

パソコンやスマホに向かって前かがみのような体勢で長時間過ごしていると、首から背中にかけての筋肉が張り、血流が悪くなって首や肩がこります。背中から腰までの広い範囲を伸ばすことで張り筋がはがれ、こりが改善されます。ストレートネックの解消にも効果的です。

1

あぐらになり、お尻の下に両手を入れて挟む。

2

胸を張るようにして、首を左右に倒す。

＼ 後ろ ／

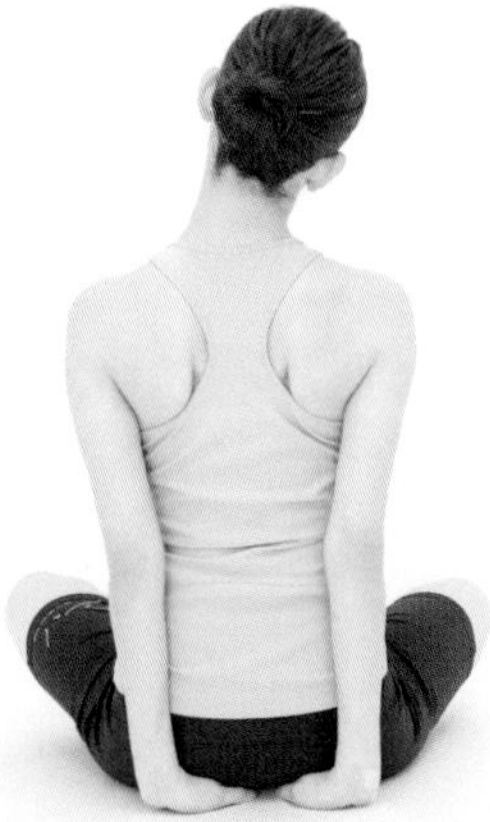

手のひらが下を向くようにする

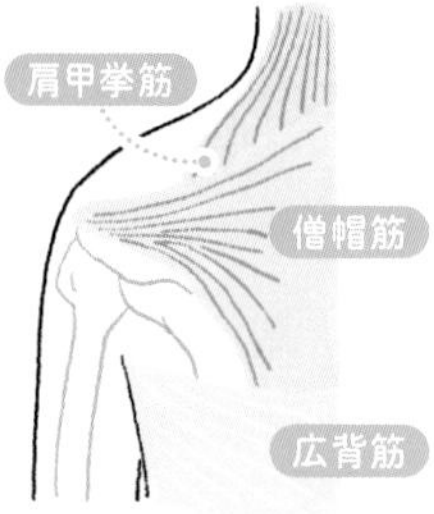

この筋肉をはがす

僧帽筋《そうぼうきん》、肩甲挙筋《けんこうきょきん》を縦横にグッと伸ばして、同時に広《こう》背筋《はいきん》も刺激。背中の大きな筋肉をはがします。首の可動域も広がり、シワ改善の効果も。

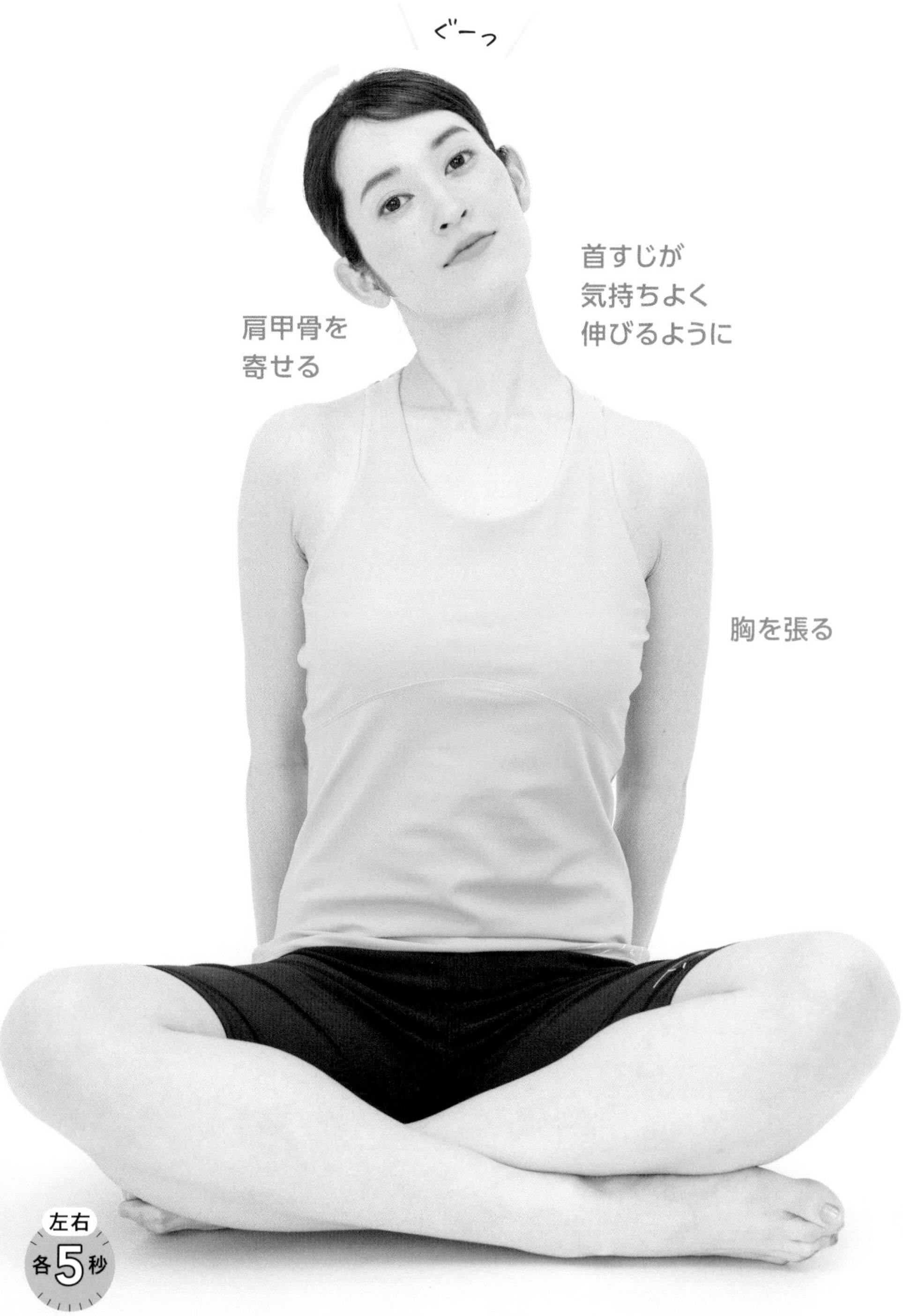
ぐーっ
首すじが
気持ちよく
伸びるように
肩甲骨を
寄せる
胸を張る

左右
各5秒

腰痛の原因とは

座り姿勢が続いたり、仕事で重い荷物を持つなどで、骨盤まわりの筋肉が張り、神経が圧迫されて腰に痛みが出ます。また、足の上げ下げの動作が少なくなるのも腰痛の要因です。腰からお尻の筋肉に刺激を与えて神経の圧迫を解き、痛みをとりましょう。

1

**ひざを立てて仰向けになる。
左右の手を軽く握り、腰の下へ置く。**

2

足をゆっくりと上げ下げする。

3

**2か所、手の位置を
変えながら
同様に行う。**

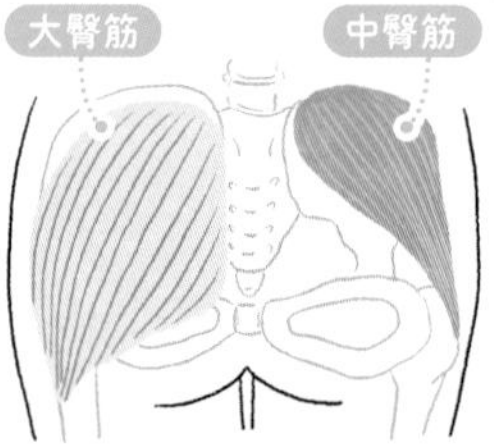
大臀筋
中臀筋

腰の痛みが強ければ、
手を握らず平らにして
行ってください。

この筋肉をはがす

骨盤から足の骨につながる中《ちゅう》臀《でん》筋《きん》や大《だい》臀《でん》筋《きん》などを刺激することで、筋肉の張りがとれます。

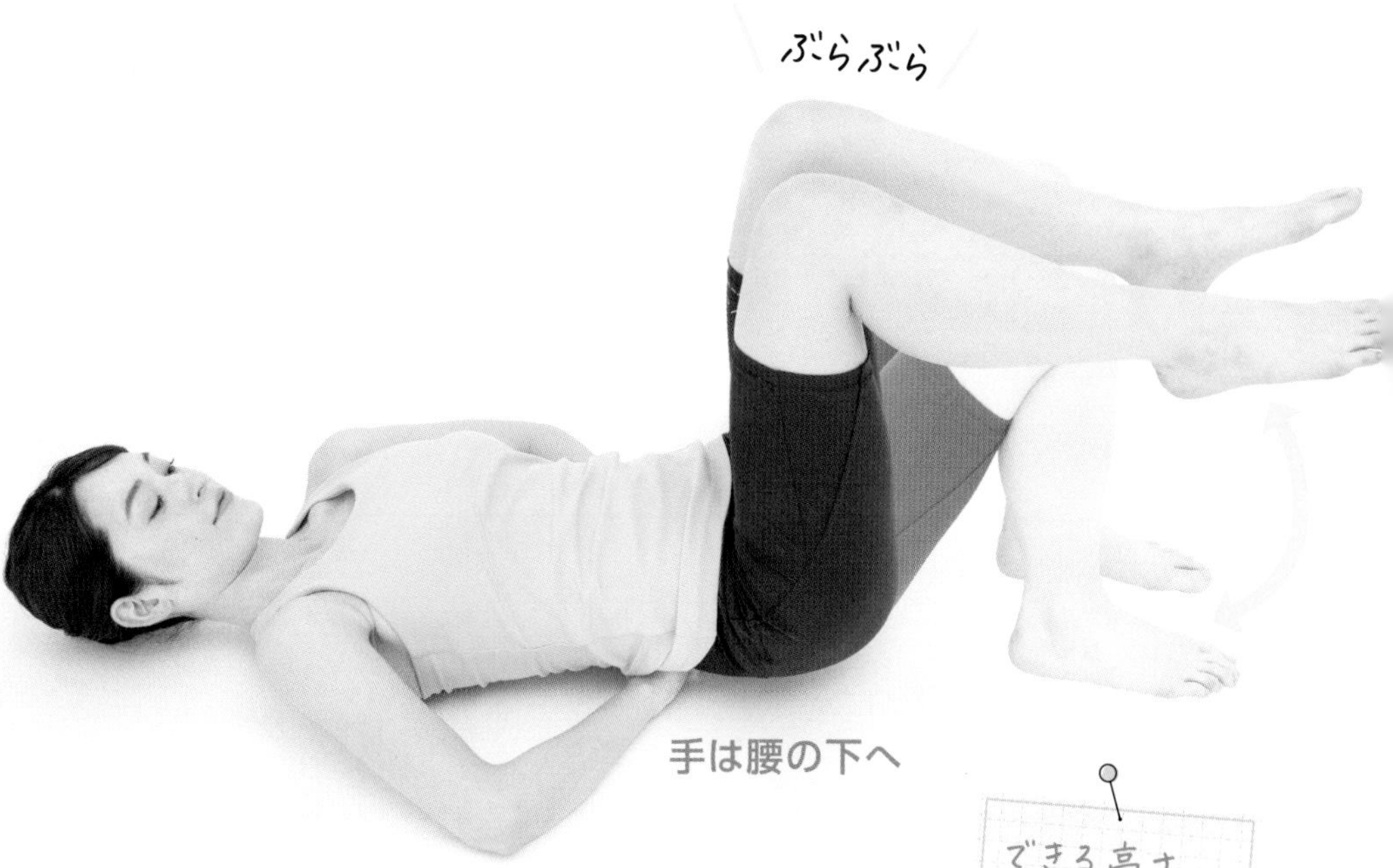
ぶらぶら
手は腰の下へ
できる高さまででOK

2か所
各5回

手の形

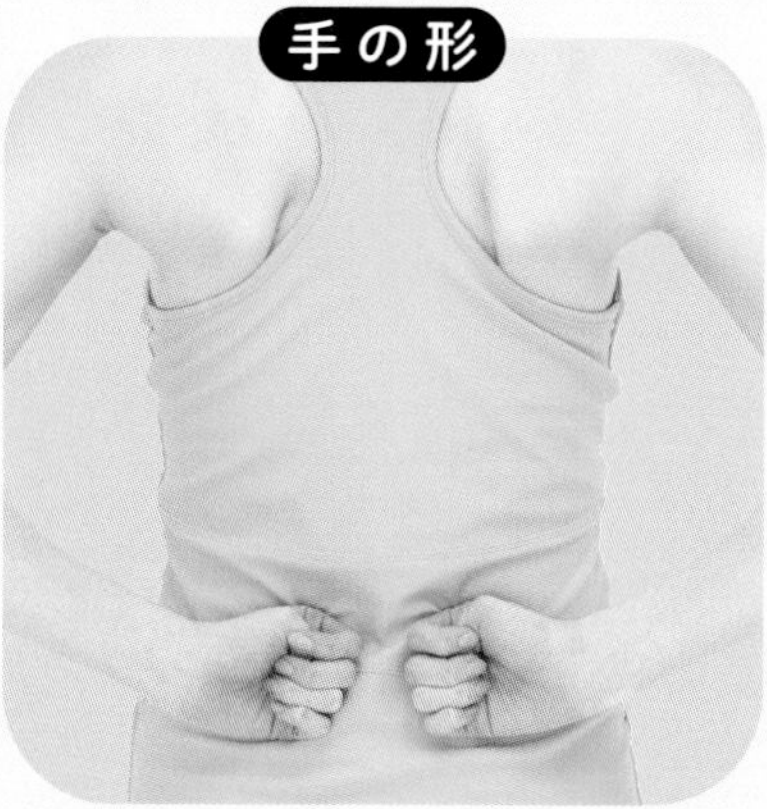

刺激する場所

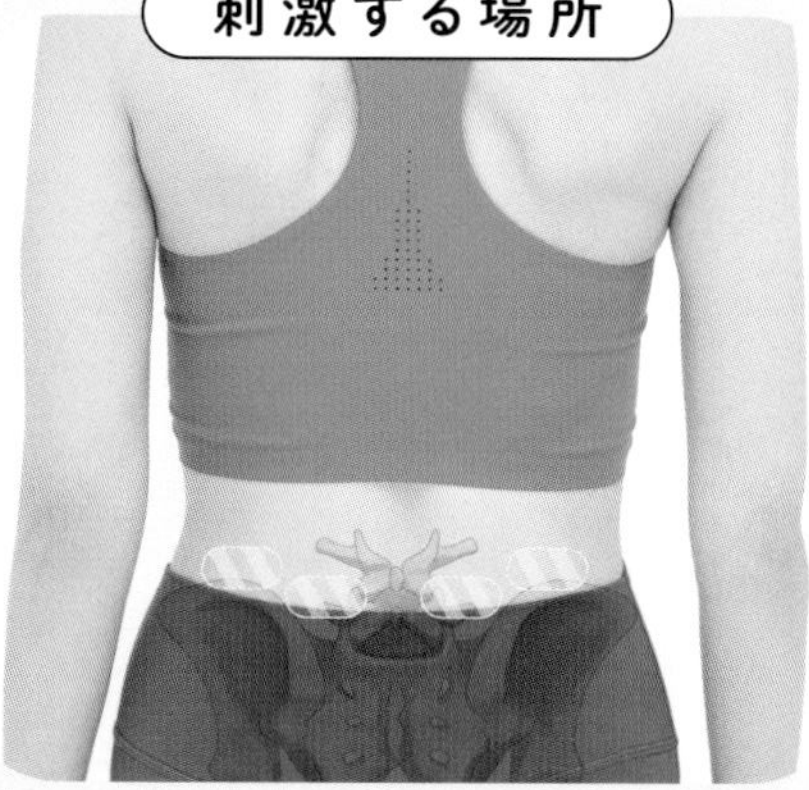

不調改善

6

頭痛

頭痛の原因とは

頭痛には音や光に敏感になる「片頭痛」と、目の使い過ぎやストレス、長時間同じ姿勢でいることによる血行不良で起こる「緊張型頭痛」があります。頭のまわりをやさしく圧迫し、頭の筋肉の張りをはがしましょう。また、ツボ押しをすることで、頭の重だるさや痛みがとれます。

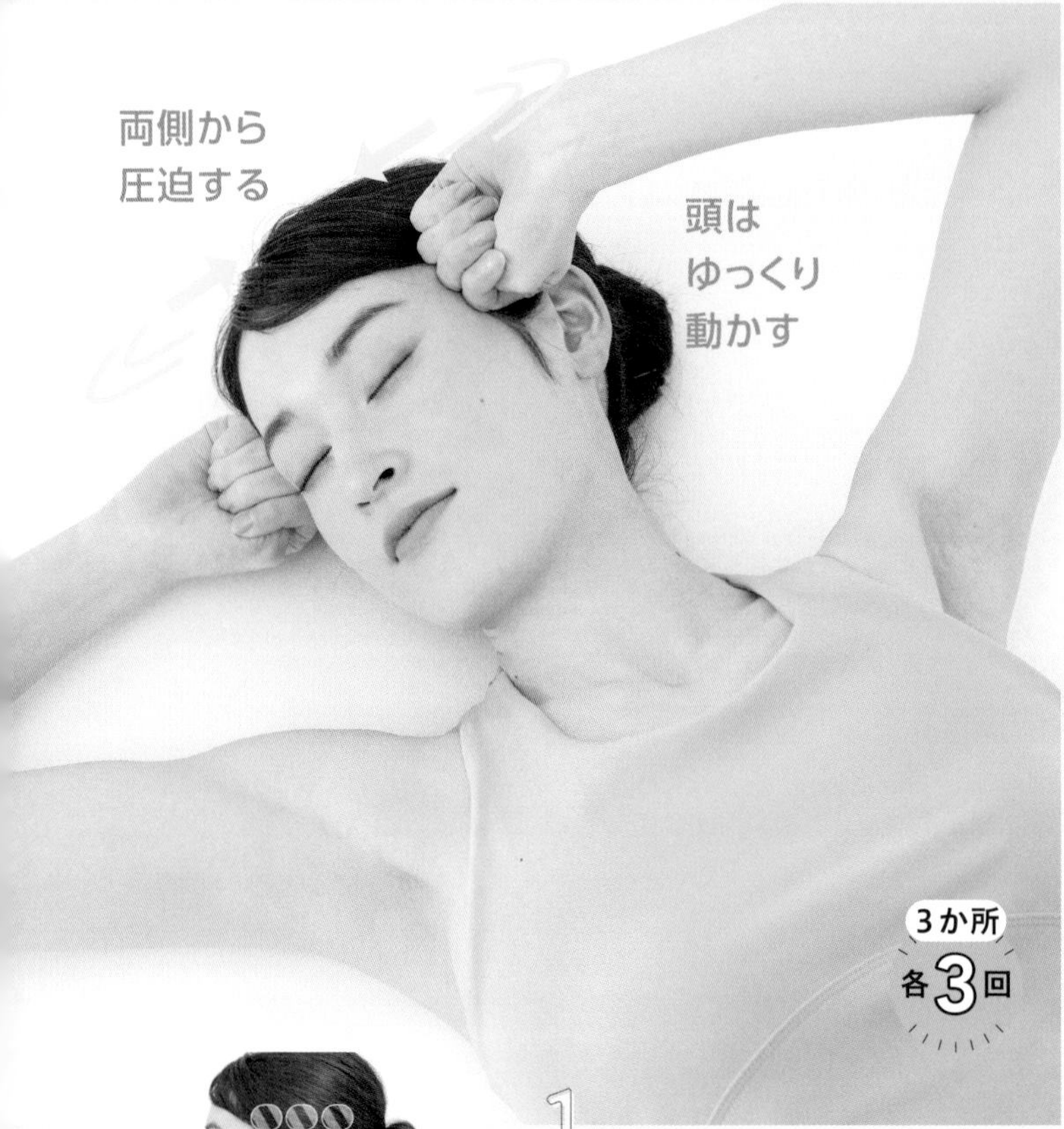
両側から
圧迫する
頭は
ゆっくり
動かす
3か所
各3回

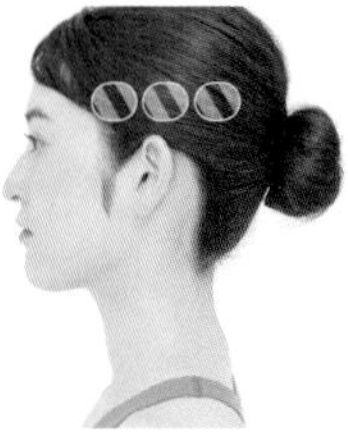

3か所、手の位置を変えて行う。

1

**仰向けになり、
目尻の位置に
両手のこぶしを当て、
頭を左右に動かす。**

この筋肉をはがす

側《そく》頭《とう》筋《きん》、帽《ぼう》状《じょう》腱《けん》膜《まく》を刺激します。頭の血流がよくなり、頭皮がゆるむことで、顔のシワ改善にもつながります。

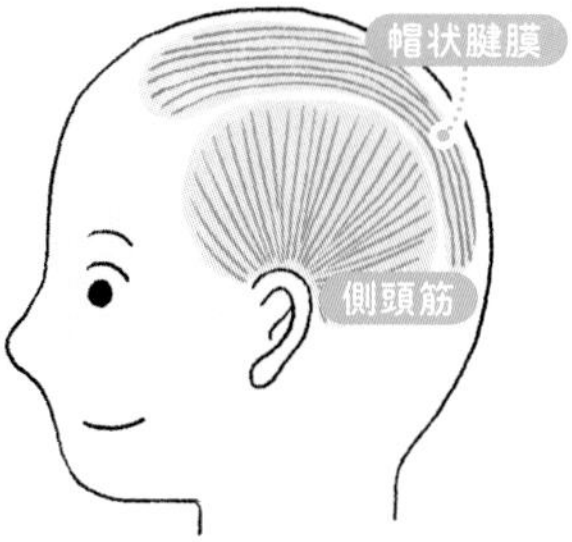

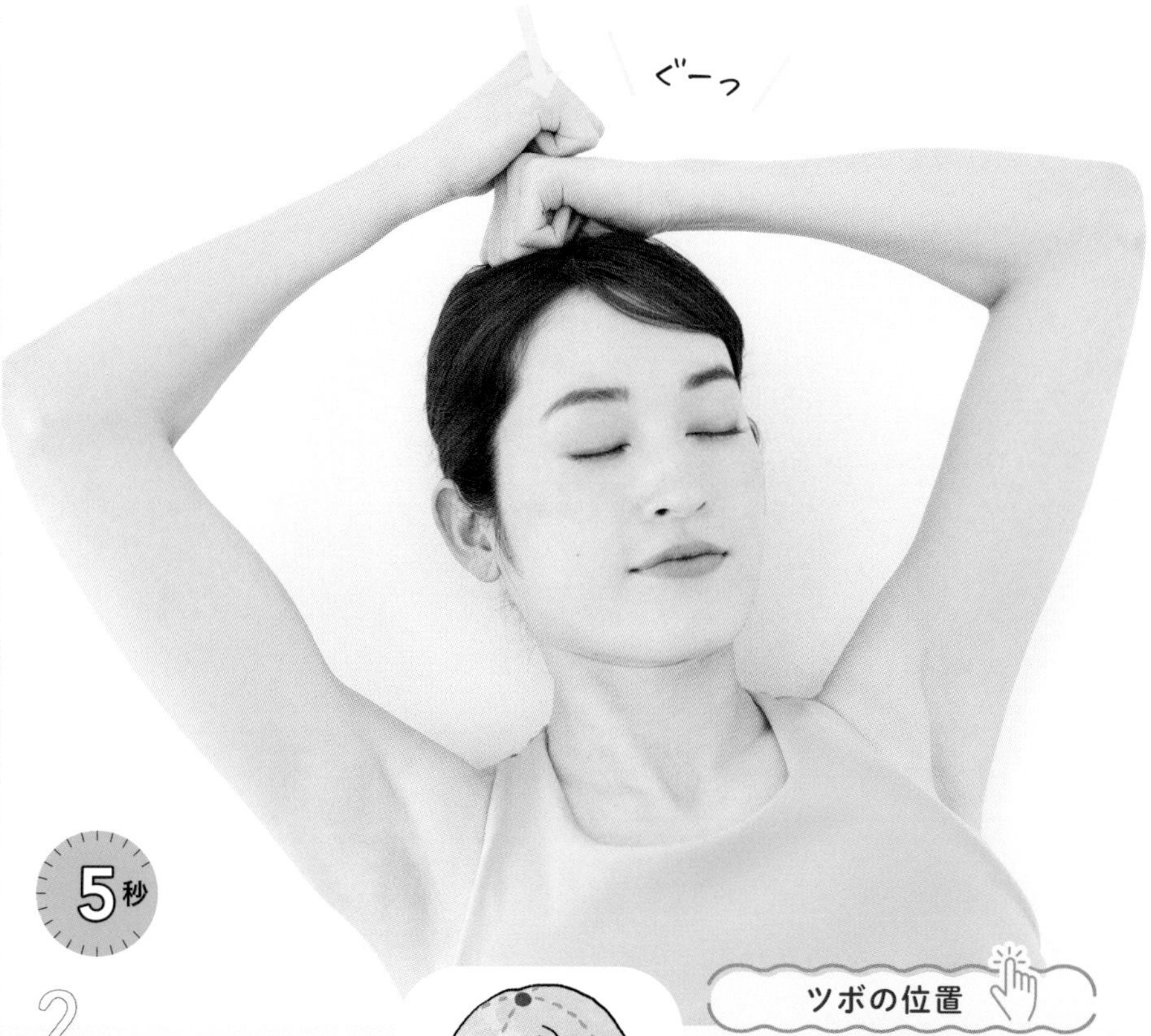

5秒

2

百会の位置に両手のこぶしを重ねて置き、圧迫する。

ツボの位置

百《ひゃく》会《え》

目の中間と左右の耳を結ぶ交差点で頭頂部にあります。「百（多種・多様）」のツボの道が「出会う」という意味があり、さまざまな症状に効果があります。

不調改善 7

目の疲れ

目の疲れの原因とは

テレビやパソコン、スマホ画面を見ることで目が疲れると、目がチカチカしたり、乾いたりとさまざまな不調が起こります。頭の後ろに効果的なツボがあるので刺激して目のまわりの血流改善を促すとよいでしょう。頭の自然な重みを利用します。ストレートネック予防にも効果的です。

1

仰向けになり、
左右の手を軽く握る。

2

頭の下に両手を置き、
頭を左右に動かす。

玉枕《ぎょくちん》を刺激すると
目まわりの血行がよくなり、
目の疲労回復を助けます。

手の位置は
両目の対角線上
に置く

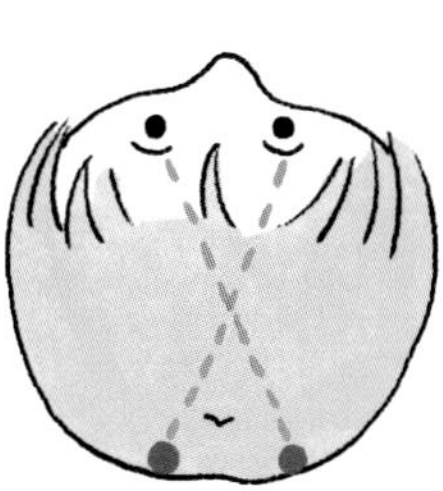

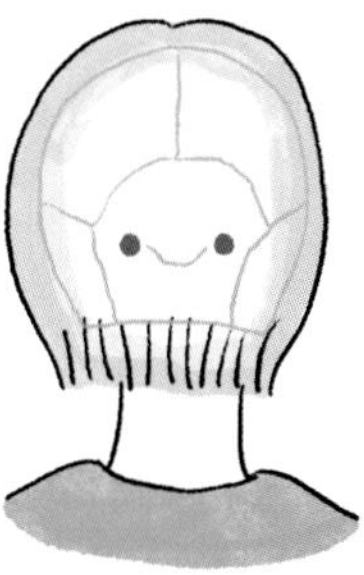

ツボの位置

玉枕《ぎょくちん》

後頭部の出っ張りから左右外側へ指をずらし、ややへこんだ部分。

更年期症状・生理痛

更年期症状・生理痛の原因とは

年齢を重ねると女性ホルモン（とくにエストロゲン）の分泌が減少するため、ホルモンバランスがくずれ、気分の落ち込みやのぼせ、ホットフラッシュなどさまざまな症状があらわれます。冷えや貧血の改善に効果のあるツボを刺激し症状を緩和させます。

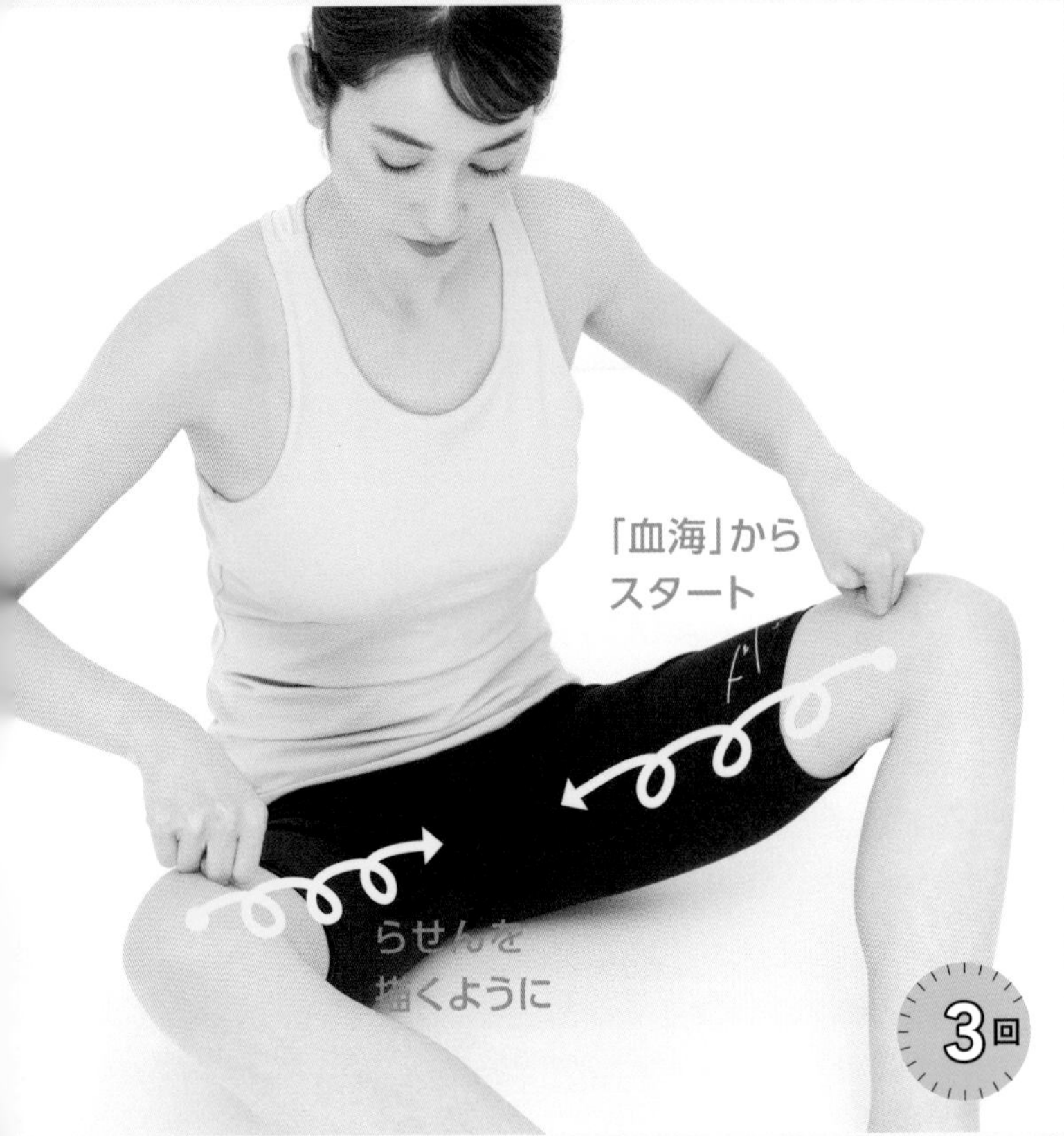

1

**ひざを開いて座り、
ひざの内側の皿上から足のつけ根までを、
握った手で円を描いてさする。**

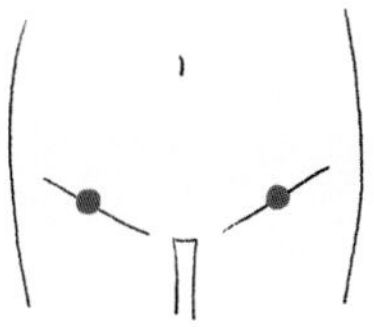

ツボの位置

衝門《しょうもん》

へその指7本分下に位置し、ちょうど恥骨のキワ。冷えやのぼせに効果的。

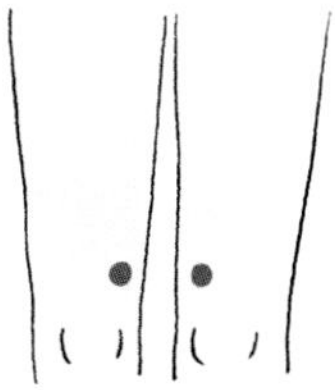

ツボの位置

血海《けっかい》

ひざの皿から指3本分上の内側にある。「血の道」とも呼ばれ、婦人病に効果的。

2

恥骨のところに握った両手を当て、軽く押す。

薄毛・白髪の原因とは

東洋医学では「髪は腎経《じんけい》と肝経《かんけい》」といわれ、腎の働きが弱かったり、全身の血行不良が起こると、薄毛や白髪など髪のトラブルが起こるといわれています。代謝をよくして血液を全身にめぐらせるツボを刺激しましょう。細胞が活性化し、美しい髪を維持できます。

1

ひざを開いて座り、
握った手で足の親指から
内くるぶしに向かってさする。

2

そのまま、内くるぶしのまわりに
二重の円を描くようにさする。

ツボの位置

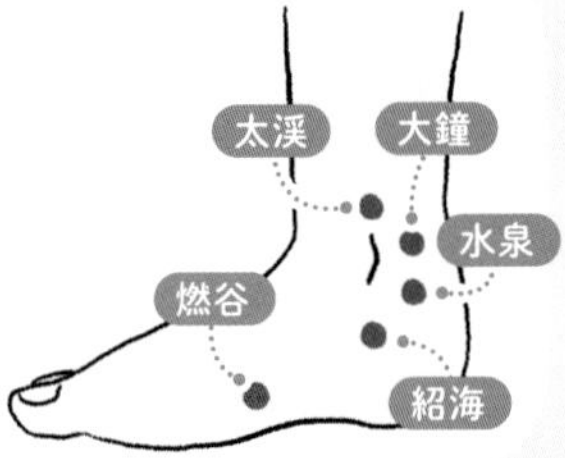

腎経《じんけい》

内くるぶし周辺にある、「燃谷《ねんこく》」「太渓《たいけい》」「大鐘《たいしょう》」「紹海《しょうかい》」「水泉《すいせん》」のツボは水分代謝を高めます。

ツボの位置

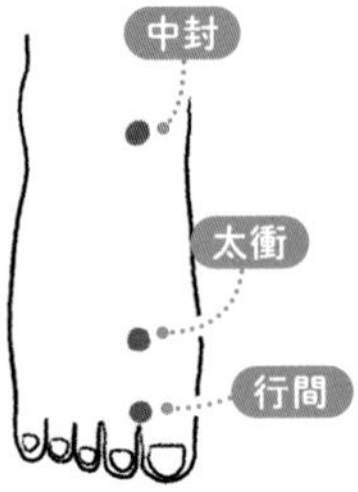

肝経《かんけい》

足の甲側にある、「行間《ぎょうかん》」「太衝《たいしょう》」「中封《ちゅうほう》」の3つのツボをまとめて刺激し、血流をよくします。

手はやや強めに
圧迫しながら
2回

※冷え性や生理不順の人は
痛みを感じることがあります。

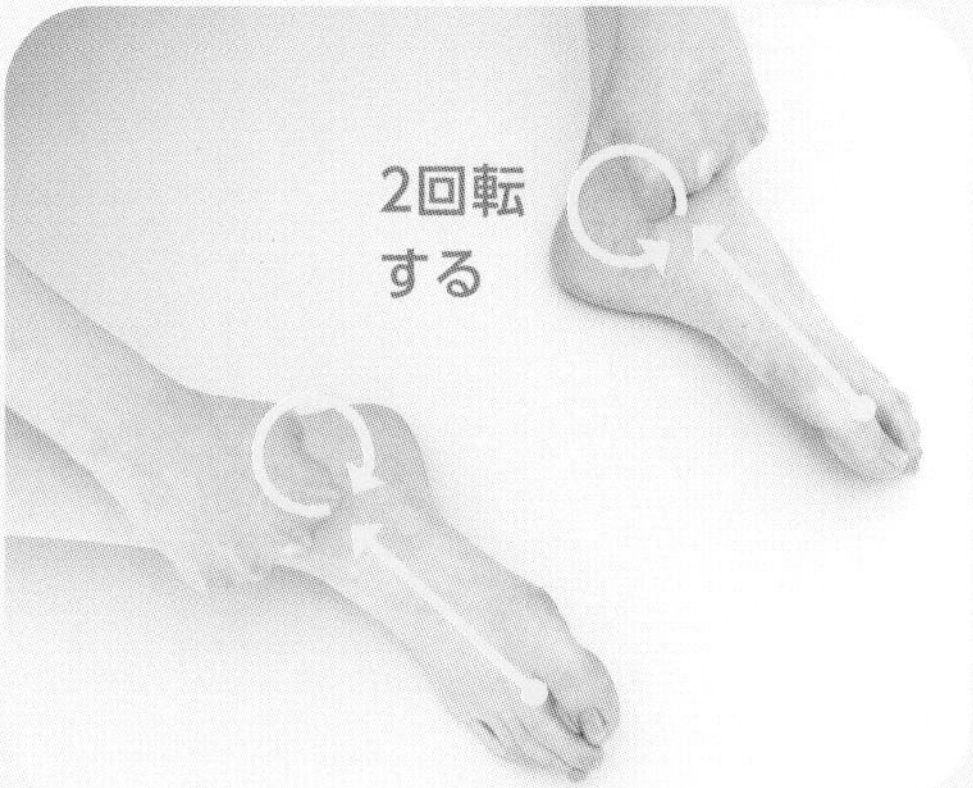
2回転
する

親指と人差し指の骨の間を通り、足首まできたら、内くるぶしの中心を2回、円を描くようにさする。

COLUMN

“なんとなくだるい”には「ハンドカイロ」で全身を早く温めて

筋肉が張るのには、体の冷えも関わっています。体が冷えると自然と力が入り、筋肉が緊張して血流が悪くなります。血流が悪くなると、自律神経が乱れて体がだるくなったり、肩こりや便秘などの不調があらわれます。

日頃から入浴や服装で体を温めるようにすることが大切。ただし、寒気を感じてもすぐに体を温められなかったり、入浴ができずシャワーだけで過ごしたりするという日には、手でカイロのように温めるハンドカイロを覚えておくと役立ちます。

やり方は、体の数か所に10秒ほど手を当てるだけ。首の後ろとお尻にある仙骨、おなかは、副交感神経が集中する場所。また、脇とそけい部は動脈があり血行を促しやすい場所。じんわり温かさを感じられればＯＫ。これらの場所を温めることで、血流がよくなり、副交感神経が刺激されて自律神経が整います。筋肉の緊張も抑えられ、張り筋を防ぐことができます。

外出先など、気になったときにいつでもできるので試してみてください。

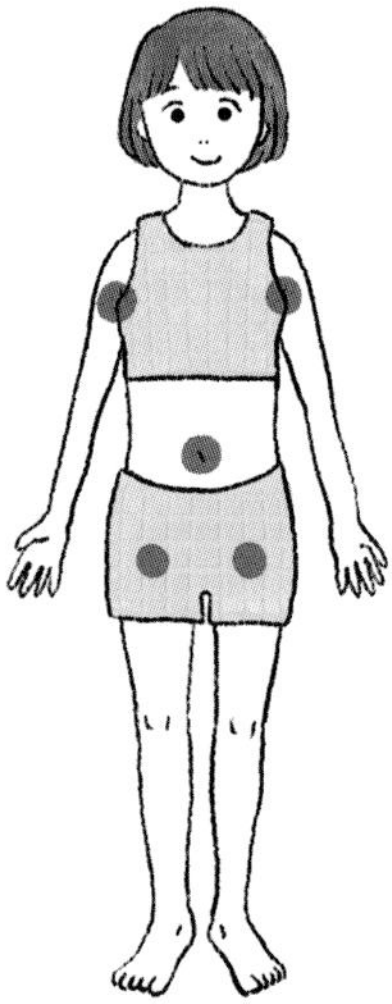

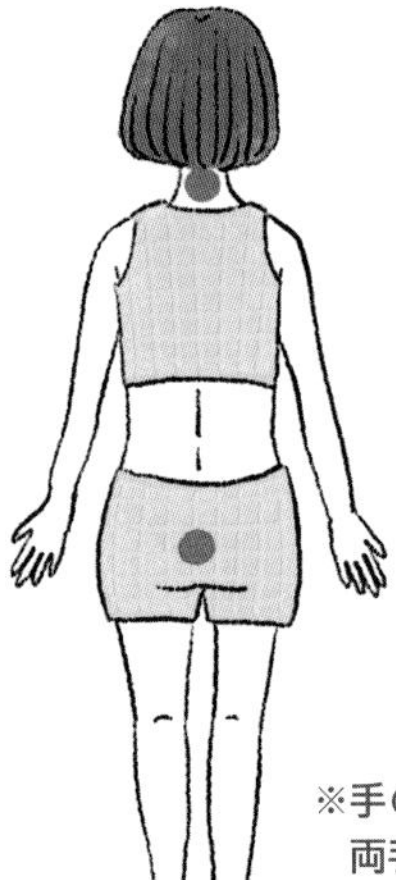

※手の冷たい人は、両手を30回こすり合わせて温めてから行ってください。

PART 5

一生太らない体にする！

ゆるふわ筋肉ルーティン

日常生活のさまざまな場面で筋肉は張り、緊張します。朝と昼はこまめに筋肉をゆるめる習慣をとり入れましょう。夜は入浴のしかたを工夫しましょう。張り筋になりにくい生活を送ることで、やせやすい体質が維持できます。

朝目覚めたら、体をゆるめて
血流をしっかりとめぐらせましょう。
自律神経が整い、
筋肉がかたまりにくくなります。

朝したいこと 1

起床時に体をギュッと抱きしめ、力を抜く

朝目覚めたら、ベッドの上で仰向けのまま、両腕で自分の体を思い切り抱きしめてから、力を抜きます。筋肉に緩急の刺激を与えることで、停滞していた血液がめぐり、細胞の働きが活発化します。体がスッキリと目覚めますよ。

これもおすすめ

ゆとりを持って支度すると筋肉が緊張しない

寝坊して脳が起きていないまま出かけたり、焦る気持ちで支度をすると、心や体が緊張して筋肉が張ります。朝好きな香りを嗅ぐと、気持ちにゆとりができ、筋肉が張るのを防げますよ。アロマでも植物でもお茶の香りでも何でもいいのです。また、夜のうちに洋服や持ち物の準備をしておくなど、朝焦らずに過ごす工夫も大切です。

朝したいこと 2

温かい飲み物をとり、「おいしい！」と言う

朝食は必ず食べて１日のエネルギーを蓄えましょう。とくに温かい飲み物をとることをおすすめします。体を内側から温め、血行がよくなりますよ。朝食を抜くと、空腹感が強くなりあとから食べ過ぎる恐れがあるので注意して。

おすすめ２

かんたんカップスープ

マグカップに市販のだしパックを入れ、湯を注ぐだけの即席スープ。

おすすめ１

ホットしょうがティー

温かい紅茶に、ミルクとチューブのしょうがを少量入れて混ぜる。

温かい飲み物をとるときには、「おいしい」と口に出して言ってみましょう。自律神経が整い、脳がリラックスして１日の始まりを穏やかに過ごせます。

とくにかたまりやすい肩まわりや
足の筋肉はこまめにほぐしましょう。
どれか1つ行うだけでも
効果があります。

昼したいこと 1

上半身ストレッチで
肩まわりの筋肉ほぐし

1.2.3.4.5
グッ
左右
交互に3回

1

吊り革をつかむ。

2

力を入れて5秒
引き、力を抜く。
交互に
左右3回ずつ行う。

これでゆるゆる!

首から肩にかけての
筋肉がほぐれ、血流が
アップ。脳が活性化
して日中のパフォーマ
ンスも上がります。

昼したいこと 2

足指広げで血液の循環アップ

3回

1 足の指を広げながらかかとを上げて3秒間、足指で支える。

これでゆるゆる!

座りっぱなしの生活だと末端の血管に血液がしっかり行き渡りません。足の指を動かして筋肉をゆるめ、血液をめぐらせましょう。

昼したいこと 3

プチストレッチで筋肉を張らせない

これでゆるゆる!

足や肩など大きな筋肉をゆるめて、全身のめぐりをアップ。交感神経の高ぶりをしずめ、バランスを整えます。

3回

肩に力を入れてストンと脱力する。

左右3回

イスを使ってアキレス腱を伸ばす。

3回

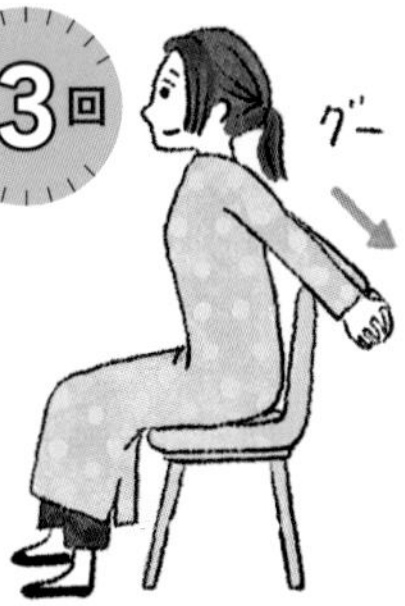

体の後ろで手を組み胸を張る。

夜したいこと 1

入浴で体を芯から温める

お湯に浸かると体温が上昇し、皮膚の毛細血管が広がることで全身の血液の流れがよくなります。体中の疲労物質や老廃物が流れて筋肉の張りがとれ、体を眠りやすい状態に導きます。

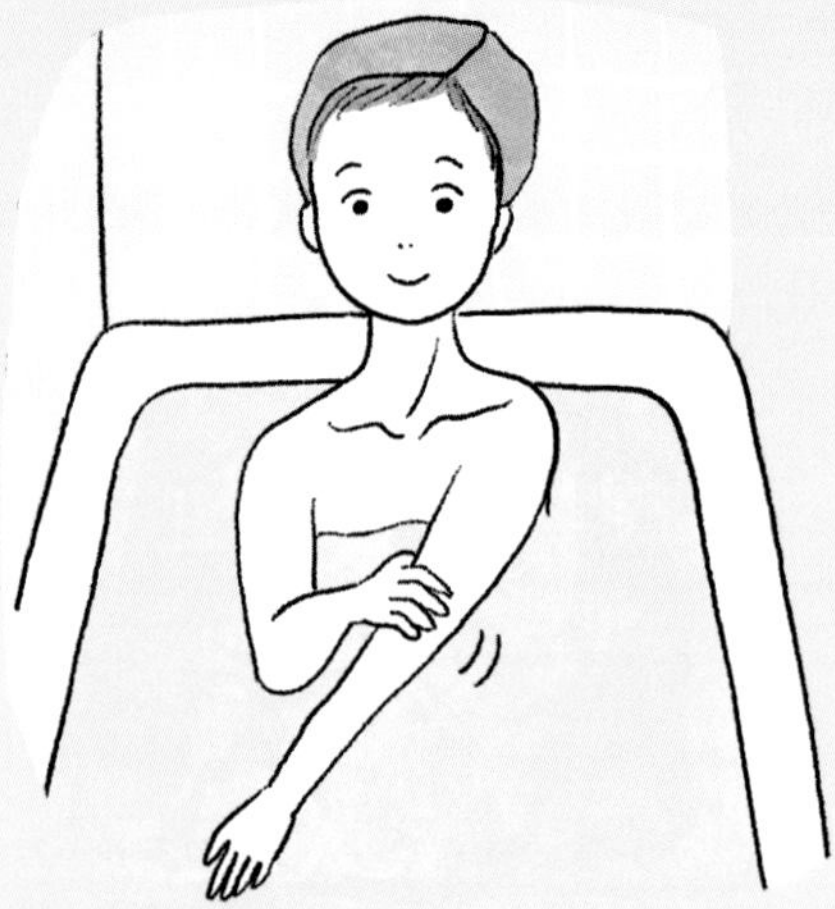

足
↓
お尻
↓
おなか
↓
背中
↓
腕
↓
首
↓
顔

下から上にかけてさすることで血液が全身にめぐりやすくなります。

入浴中は
体を順番に軽くさする。

湯船を出る前に
10秒肩まで浸かる。

夜したいこと 2

頭皮マッサージで張りほぐし

頭の筋肉は普段動かさない場所なので血流が滞りがち。頭皮を動かして刺激を与え、１日の終わりにほぐしましょう。

1

頭の生え際を両手の4本指で頭頂部に向かって押す。同様に額→耳の生え際→耳の下→頭の後ろまで行う。

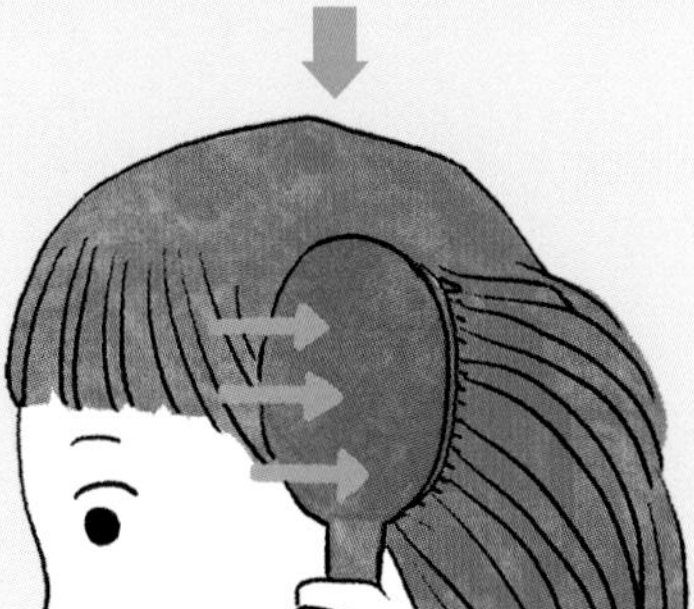

2

ヘアブラシで前から後ろに向かってとかす。

入浴で体をよく温めてから
眠る前に「張り筋はがし」を
することで
効果がより高まります。

おわりに

最後までお読みいただきありがとうございました。

こんなかんたんな方法でいいの？　と感じられた方も多いのではないでしょうか。でも、この「張り筋はがし」は続けることで、筋肉がやわらかくなり、動きやすい体となるため、基礎代謝が高まって、確実に太りにくい体質へと変わってきます。

皆さんもきっと、「いつまでも健康で！　美しく！　ハツラツと！」という想いを持っていますよね。

心と体の健康は、美をつくり、自分の意思で人生を切り開く気力を養います。それが、ハツラツとした人生の源になるのです。

大切なのは、まず心と体を整えること。本書でご紹介した「張り筋はがし」は、睡眠の質も格段にアップします。自律神経を正常化し、心と体の両面を同時に整えていきます。

「張り筋はがし」でこのような体になることが、一番の「やせる」ことへの近道なのです。

何より、かんたんだから続けられます。〝何が何でも続ける！〟と焦る必要はありません。途中でやめてしまったとしても、「休んでまた思い立ったら始める」で構いません！　いつ始めても、張り筋がリセットされ、あなたの心と体を整え、ハツラツとした人生へ導いてくれます。

毎晩の「張り筋はがし」で、ぜひいつまでも美しく、元気に過ごしてください。皆さんのキレイを応援しています。

夜久ルミ子

著者
夜久ルミ子
（やく・るみこ）

深部リンパ協会理事長。

薬科大学を卒業後、薬剤師として医療センターの薬局に勤務。

西洋医学の対症療法に疑問を抱き、ホリスティック医学に興味を持ち東洋医学を学ぶ。鍼灸・マッサージ師の資格を取得し、「薬もわかる東洋治療家」として開業。多くの患者から支持を得るも、患者にストレスが多く、心身両面のケアの重要性を痛感する。ストレスケアのための脳科学・心理学を学び、美と癒しのエステ、アロマテラピーなどの知識と技術を総合的に組み合わせ、心身両面のストレスケアと外見の美を実現させるデトックスメソッド「深部リンパ節開放 ®」と「WATCH セラピー ®」を開発。現在、日本全国で講演やセミナーを行っている。

著籍「やせスイッチを押せば驚くほど細くなる」「腸リンパを流せば驚くほどお腹からやせる」（西東社）など。その他、メディア掲載多数。

■ RUBYZ ～深部リンパスクール＆サロン～
〒277-0014 千葉県柏市東 2-3-9
TEL：04-7167-0302
E-mail：kirei@rubyz.jp

■ YouTube「ルミちゃんねる」
毎週水曜日、深部リンパ節開放 ®
セルフケアなど、美容・健康に関する情報を配信中。

スタッフ		
	モデル	宮澤成良（株式会社イデア）
	撮影	横山翔平（t.cube）
	ヘアメイク	かつお（KOKOSCHKA）
	衣装協力	tejas
	デザイン	村口敬太（Linon）、河田有貴
	イラスト	五十嵐みな、木波本陽子
	校正	星野マミ
	編集	古里文香（バブーン株式会社）

寝《ね》ている間《あいだ》にかってにやせる 寝《ね》る前《まえ》５分《ふん》張《は》り筋《きん》はがし
深《しん》部《ぶ》リンパ節《せつ》開《かい》放《ほう》マッサージ

2023年6月5日発行　第1版

著　者　夜久ルミ子
発行者　若松和紀
発行所　株式会社 西東社
〒113-0034　東京都文京区湯島 2-3-13
https://www.seitosha.co.jp/
電話　03-5800-3120（代）
※本書に記載のない内容のご質問や著者等の連絡先につきましては、お答えできかねます。

落丁・乱丁本は、小社「営業」宛にご送付ください。送料小社負担にてお取り替えいたします。

本書の内容の一部あるいは全部を無断で複製（コピー・データファイル化すること）、転載（ウェブサイト・ブログ等の電子メディアも含む）することは、法律で認められた場合を除き、著作者及び出版社の権利を侵害することになります。代行業者等の第三者に依頼して本書を電子データ化することも認められておりません。

ISBN 978-4-7916-3182-7